本书获衡水学院转型发展专项资金资助
本书为河北省社会科学发展研究课题（202401031）成果
本书为河北省高教改革研究与实践项目（2020GJJG394）成果

教师工作实务指导

韩伏彬　董建梅◎编著

燕山大学出版社
·秦皇岛·

图书在版编目（CIP）数据

教师工作实务指导 / 韩伏彬，董建梅编著.—秦皇岛：燕山大学出版社，2025.1
ISBN 978-7-5761-0414-1

Ⅰ. ①教… Ⅱ. ①韩… ②董… Ⅲ. ①中小学－教师－教育工作－研究 Ⅳ. ①G635.1

中国版本图书馆 CIP 数据核字（2022）第 202664 号

教师工作实务指导
JIAOSHI GONGZUO SHIWU ZHIDAO
韩伏彬 董建梅 编著

出 版 人：陈　玉
责任编辑：张文婷　柯亚莉
策划编辑：唐　雷
责任印制：吴　波
封面设计：刘韦希
出版发行：燕山大学出版社
电　　话：0335-8387555
地　　址：河北省秦皇岛市河北大街西段 438 号
邮政编码：066004
印　　刷：涿州市般润文化传播有限公司
经　　销：全国新华书店

开　　本：710 mm×1000 mm　1/16
印　　张：15.25
版　　次：2025 年 1 月第 1 版
印　　次：2025 年 1 月第 1 次印刷
书　　号：ISBN 978-7-5761-0414-1
字　　数：260 千字
定　　价：76.00 元

出 版 说 明

教育大计，教师为本。近年来，国家对提高中小学教师素质给予了前所未有的关注，无论是实施公费师范生制度，还是开展师范专业认证工作，这些措施对于确保师范生的培养质量、确立终生从教思想具有重要的引导和推动作用。在师范院校培养师范生的过程中，作为最具有代表性的教师教育课程——“教育学”，得到普遍开设。但是，因为这门课程的理论性较强，与实际教学存在一定程度的脱节，导致教学效果不佳，屡遭学界批判。目前出版的各类版本教育学课程教材多达几百种，但因其内容框架局限于赫尔巴特-凯洛夫教育学体系一直没有较大突破，迫切需要进行教学内容的变革。

教师是思想性、应用性很强的职业，如何让我们的师范生既热爱教育事业，掌握教育基本理论、基本原理，树立正确的教育观、教师观，又能了解和熟悉中小学教师岗位要求，缩短工作适应期，达到毕业能上岗、上岗能上手的目的，值得深思。2016年，我们接触到了由姜大源教授提出的工作过程系统化课程设计理论，受此理论启发和鼓舞，我们萌生了开发一门定位于教育理论和教育实践之间的应用性课程，帮助广大在校师范生和中小学新入职教师熟悉并掌握教师职业岗位流程和技能，从而既能体现“教育学”课程的理论指导价值，又能帮助师范生顺利实习、新教师尽快度过入职适应期。经过广泛讨论，将这门课程取名为“教师工作实务指导”，并申请将其纳入学校人才培养方案教师教育课程模块，正式将原先的“教育学”课程一分为二，分成“教育学原理”和“教师工作实务指导”两门课程，前者侧重于帮助教师树立正确的教育观、教学观、师生观、课程观等方面的理论知识，后者将“教育学”课程中应用性较强的知识抽取出来进行重新构建，形成了基于工作过程系统化的课程体系，主要侧重于教师职业实际工作岗位知识技能的掌握，侧重于实践应用，从而实现对教育学课程的改造。同时，也开创了国内教师教育理论课程“术”性课程与教材的先河。

本书共分三篇十二章，分教学工作、教学研究工作和班级管理工作三个部分，各章按照各部分工作流程进行编写。在编写和出版过程中，得到了衡水市振华小学教导处张主任的无私帮助，对他的宝贵意见和辛勤付出表示衷心的感谢。本教材参考了许多专家、学者和一线教师的大量文献资料，未能一一标注，遗漏之处，还望谅解。由于编写时间仓促，水平有限，书中肯定存在疏漏和错误，敬请广大师生批评指正！

2023 年 8 月

目　　录

第二篇　教学研究工作

第三篇　班级管理工作

绪　论

师范教育是教育事业的工作母机。多年来，教师教育越来越受到党和国家的高度重视，教师教育改革不断深化，培养和造就了大批合格教师，有力地支撑了世界上最大规模的教育体系。进入新时代，我国广大人民对“好教师”的需求愈发强烈。但是，各院校师范专业办学质量参差不齐，高水平院校开办教师教育专业动力不足，广大地方院校师范教育特色不断削弱，中等师范学校关停并转，师范生专业实践能力亟待提高，强化师范教育、提升师范生综合素质成为迫切需要。

一、课程缘起、定位及必要性

（一）课程缘起

1. 教育学的困境

在师范院校所有的公共课中，教师教育课程中最具代表性的“教育学”被很多学生视为枯燥乏味的课程。究其原因，现有的几百种“教育学”教材体系大同小异且与实践相脱节。中国有世界上最庞大的教育科研机构，且县级以上的各级行政区域都有相应的教科所或教研室，但至今仍缺乏有突破意义、有经典价值的专著或教材。该课程内容因长期不能与时俱进、未有突破而屡遭学者的批判和“炮轰”，处于较为尴尬的境地。教育教学实践告诉我们，书本上的教育学与实际生活中的教育学在很大程度上是分离的，大多数人，尤其是那些优秀教师，并不是由于学了教育学，才懂得如何去从事教育的。实际上，教育学成为一种“独白”，是一门自言自语、自我享受的学科，它试图告诉听众有关教育的真理，但听众并不需要它，考试和写论文时除外①。

2. 课程体系学术性过强

辩证唯物主义认为，实践是认识的来源、目的和归宿。也就是说，认识从实践中来，最终还要回到实践中去并指导实践。课程是指学校教育中为所有的学生提供的和重建的人类知识与经验的总和。课程改革的关键在于课程内容的选择和编排两个方面，不同的内容选择和知识排序将会产生不同的教学效果，乃至不同的人才培养类型。当前我国师范教育课程普遍以学科体系及其内在逻辑顺序安排设计课程内容，而对学生的心理发展特点和中小学教师工作实际的考虑严重不足。这样的课程设计，培养出的师范生尽管知识基础宽厚，但往往与学校需求相脱节。因为学科体系编排出的课程更适合学术型或理论型人才培养，更多考虑的是知识体系的构建与发展，却忽略了师范生的个体发展和社会发展需求。教育部、国家发展改革委、财政部《关于引导部分地方普通本科高校向应用型转变的指导意见》（教发〔2015〕7 号）中明确要求广大高校要以社会经济发展和产业技术进步驱动课程改革，培养学习者的技术技能和创新创业能力。这就为广大地方高校指明了课程转型的方向，即以社会需求、技术进步为内在要求进行课程变革。

那么如何突破学科体系的课程弊端与不足，使课程的知识内容编排更加符合人类社会实践的需要？由实践情境构成的以工作过程逻辑为中心的行动体系乃是破冰之道。行动体系指导下的课程强调的是获取自我建构的隐性知识，即过程性知识，一般指经验并可进一步发展为策略，即以尽可能小的代价获取尽可能大的效益的知识，主要解决“怎么做”（经验）和“怎么做更好”（策略）的问题。这是培养职业型人才的一条主要途径②。也就是说，必须将可以传递、可以习得、可以复制的显性的知识，通过系统化的职业活动设计，使学生从基于实际工作过程的学习过程之中逐渐地习得和掌握那些可以写得出来的知识和技能，并转化为个性化的经验和策略。工作过程系统化是教育部职业技术教育中心姜大源教授经过几十年的探索和实践凝练出的一套课程设计与教学理论。该理论博大精深，思想独特，效果显著，在全国相当数量的高职高专院校和部

① 李政涛 . 教育学的悲哀和尊严 [J]. 教师之友，2003（8）：65-66.

② 姜大源 . 职业教育学基本问题的思考（一）[J]. 职业技术教育（教科版），2006（1）：5-10.

分地方本科高校实践应用，产生了强烈反响。所谓“工作过程”，指的是个体“为完成一件工作任务并获得工作成果而进行的一个完整的工作程序”[①]。系统化主要包括课程体系设计、设计方法以及课程载体设计的系统化。内容的排序需要对传统学科知识进行解构，以工作过程典型任务为参照系，按照工作任务对知识进行重构，实现知识的动态应用而非静态储存。

（二）课程定位

正是基于上述问题的深入思考，我们对传统的教育学课程进行了知识解构，将其中的理论性知识重新组建为“教育学原理”，主要包括教育论、课程论、教学论和德育论四大部分，而将其中应用性较强的知识与中小学教师工作过程中的典型任务充分结合，重新编排，并定名为“教师工作实务指导”，目的在于开发一种从纯理论到纯实践的过渡性课程形态。本书的编写是对传统教师教育课程体系的一次大胆创新和尝试，其定位是一门理论与实践兼有，并倾向于师范生职业实践能力培养的课程。它对于师范生形成正确的教学观、管理观、教研观，掌握教案编制、教学方法与技能技巧，形成班级管理能力，提升教学研究能力都具有重要的指导价值。本书的编写，将为师范生或新入职教师的专业成长与发展奠定坚实的理论和实践基础，助力师范教育质量的提高。

（三）课程开设的必要性

1. 地方高校转型发展的需要

2015 年，教育部、国家发展改革委和财政部联合发布的《关于引导部分地方普通本科高校向应用型转变的指导意见》（教发〔2015〕7 号），正式拉开了地方本科院校向应用技术学院（大学）转变的帷幕。此次转型意义重大，目标明确，思路清晰，任务具体，措施得力。其根本路径在于产教融合、校企合作，关键在于教师观念、知识结构的转变，切入点在于专业设置。我们认为，转型发展既涉及学校工作的方方面面，又将在若干方面实现突破性变革，

① 姜大源．论高职教育工作过程系统化课程开发 [J]. 徐州建筑职业技术学院学报，2010（1）：1-6.

但无论是学校顶层设计、师资队伍，还是学科专业、人才培养模式等方面的改革，最终都离不开课程这一载体，都将直接或间接地聚焦和映射在课程上。因此，从课程改革出发，采用倒逼方式，不失为一种新的转型发展思路。

那么，为什么说课程是转型发展的关键？这恐怕要从认识课程在整个人才培养体系中的地位和作用说起。首先，课程是大学职能发挥作用的基石。毋庸置疑，教学是大学职能发挥作用的主渠道或主要载体，大学的职能也都将直接或间接地通过、借助、围绕教学发挥作用，否则，高校职能就成为无源之水、无本之木。而教学的理念、内容、方法、手段最终都将落实在各种形态的课程中，还需要将学校的人、财、物等各种资源调动并利用起来。其次，课程是教师赖以生存和发展的基础。大学者，非谓有大楼之谓也，而有大师之谓也。这一论断强调了教师是高校第一人才资源，是学校健康发展的关键。高校教师的根本职责在于教书育人，而课程是每个教师劳动的“责任田”“梦工厂”，是教师培养人才的主渠道，同时，依赖这个主渠道，才会从根本上促进教师的专业成长。再次，课程是提高人才培养质量的核心。当前，质量是高校的生命线，更确切地说，人才培养质量是所有质量的集中代表，人才培养质量的高低最终都要通过课程结构的优化、课程资源的科学开发、课程内容的有效实施等来完善学生的知识结构，健全学生的人格，提升学生的综合竞争力。此外，从学科、专业、课程的关系而言，学科是龙头、专业是依托、课程是基础已成为学界共识，说明学科知识的传承与专业人才的培养最终都要围绕和依靠课程来进行。综上所论，尽管高校工作千头万绪，事务纷繁多样，最终都离不开课程这个主题，并借助课程来发挥各自的功能和作用。学校应用转型的实质是一场比传统意义上的改革更加深刻、更具有全局性的变革，只要以课程改革为突破口，紧紧牵住课程建设这个“牛鼻子”，转型的一切问题都可以迎刃而解[①]。

2. 师范类专业认证工作的需要

进入新世纪以来，我国对教师教育的重视程度与日俱增，先后出台了《中华人民共和国教师资格条例》、《教育部关于进一步加强和改进师德建设的意见》（教师〔2005〕1 号）、《国家中长期教育改革和发展规划纲要（2010—

① 曹永安 . 高校转型，抓住课程建设“牛鼻子”[N]. 中国教育报，2016-08-16（7）.

2020年)》、《教育部关于大力推进教师教育课程改革的意见》(教师〔2011〕6号)、《中共中央国务院关于全面深化新时代教师队伍建设改革的意见》、《教育部直属师范大学师范生公费教育实施办法》(国办发〔2018〕75号)、《关于加强和改进新时代师德师风建设的意见》(教师〔2019〕10号)等法规文件,对教师从思想道德、课程设置、培养培训、考核等方面提出了新的要求。

为培养高素质教师队伍,推进教师教育质量保障体系建设,提高师范类专业人才培养质量,2017年教育部出台了《普通高等学校师范类专业认证实施办法(暂行)》(教师〔2017〕13号),正式推行普通高等学校师范类专业认证工作。该办法以“学生中心、产出导向、持续改进”为基本理念,强调遵循师范生成长成才规律,以师范生为中心配置教育资源、组织课程和实施教学;强调以师范生的学习效果为导向,对照师范生核心能力素质要求,评价师范类专业人才培养质量;强调对师范类专业教学进行全方位、全过程评价,并将评价结果应用于教学改进,推动师范类专业人才培养质量的持续提升。认证工作实行三级监测认证方式,第一级定位于师范类专业办学基本要求监测。依托教师教育质量监测平台,建立基于大数据的师范类专业办学监测机制,对各地各校师范类专业办学基本状况实施动态监测,为学校出具年度监测诊断报告,为教育行政主管部门提供监管依据,为社会提供质量信息服务。第二级定位于师范类专业教学质量合格标准认证。以教师专业标准和教师教育课程标准为引领,推动教师教育内涵式发展,强化教师教学责任和课程目标达成,建立持续改进机制,保证师范类专业教学质量达到国家合格标准。第三级定位于师范类专业教学质量卓越标准认证。建立健全基于产出的人才培养体系和运行有效的质量持续改进机制,以赶超教师教育国际先进水平为目标,以评促强,追求卓越,打造一流质量标杆,提升教师教育的国际影响力和竞争力。该办法从课程与教学、合作与实践、师资队伍、条件支撑、质量保障、学生发展等几个方面对师范类专业提出了明确要求。以中学二级认证为例,在课程与教学维度,教学能力上要求师范生具备教学基本技能,具有初步的教学能力和一定的教学研究能力。班级指导上要求师范生掌握班级组织与建设的工作规律和基本方法,能够在班主任工作实践中,参与德育和心理健康教育等教育活动的组织与指导,获得积极体验。本门课程以中小学教师职业岗位中所承担的教学、教研和班级管理等典型工作任务为情境,遵循工作过程特点，从资讯、决策、计划、实施、总结和评价等方面，指导师范生和新教师开展教学、教研和班级管理工作，明确各个工作情境的程序和要求，让他们快速掌握教师的关键职业技能。

3. 教师职业适应性的需要

教师的职业成长是一个发展过程，有很多研究者将教师的职业成长过程划分为不同阶段，如西克斯、柏林纳、叶澜、傅道春等人的五阶段理论，富勒、高瑞克、邵宝祥、钟祖荣等人的四阶段理论，都无一例外地表明教师的职业成长要经历“新手教师—熟手教师—专家教师”几个阶段。职业的适应性指的是个人对于工作中的任务、周围的环境以及工作中必要的人际关系等各方面的适应程度，是个人和职业通过不断地协调达到统一的过程与结果。教师职业生涯的入职阶段，是教师专业成长和发展的重要奠基时期。在此阶段，教师需要承受来自教学方面的压力、角色上的转变、环境的变化、复杂的人际关系以及现实和期望存在的差距等。近年来，国内外多项研究表明，新入职的中小学的教师职业适应性不强。国外学者维恩曼曾对教师在教学工作中遇到的问题进行总结和归纳，集中表现在以下几个方面：（1）如何有效地管理课上纪律；（2）如何调动和保持学生的学习兴趣；（3）怎样合理地处理学生的个别差异；（4）如何评价学生的成绩；（5）怎样建立与家长和谐的关系；（6）怎样开展并组织集体活动；（7）教学设备、辅助材料的欠缺；（8）处理某些问题学生；（9）由于教学前准备的时间不充分而导致教学负担较重；（10）如何处理与同事之间的关系①。从这10个方面看，除了最后一项外，其他都是教师职业岗位适应问题。国内学者赵昌木对196位初任教师的调查结果显示，在他们新入职的几年里，经常会遇到的困难排在前面的是：（1）对教材不够熟悉，重点和难点把握得不准确；（2）教学方法比较死板，调动学生的学习兴趣比较困难；（3）教学管理方面缺乏有效的方法，难以维持良好的课堂纪律；（4）不能与学生心平气和地交流；（5）对学生的学习状况和学习需求不够了解；（6）解答学生突然提出的问题有些困难；（7）处理课堂的偶发事件较为困难；（8）缺少相应的教学辅助材料；（9）不会处理和同事间的关系；（10）设备简陋②。可以看出，这个研究结论与国外研究有着惊人的相似之处。另一项研究中对新任特岗

① 叶澜．教师角色与教师发展新探 [M]．北京：教育科学出版社，2001：259.

② 赵昌木．教师成长论 [M]. 济南：山东人民出版社，2011：20-21.

教师的访谈表明，职业岗位不适应主要是因为学校的教育理论课程过多，缺乏实践课程，导致知识与应用脱节。该项调查中还有四分之一的特岗教师认为国家和政府从来没有考虑过职前教师的适应问题，因此他们到了新的环境，才会无所适从①。2017 年我们在本校一次实习生座谈会上了解到，一名学生分配在衡水市一家私立学校实习，因学校没有给其安排上课任务，这名学生就不知所措了，说明当前学校尽管教给了师范生很多教育理论知识，但缺乏从理论到实践的过渡性课程教学，缺乏对学生进行教师职业岗位知识技能的有效指导和训练。教师职业岗位的诸多不适应，不仅会直接影响到教师角色的转变、职业的倾向性、职业的持久性以及未来的选择性，而且会影响到教师的专业发展和成长、学校教师队伍的稳定及教育教学质量的提高等。本书基于问题导向，针对中小学教师承担的不同角色以及不同角色承担的典型工作任务，让师范生和新教师了解与掌握教师不同工作岗位和工作程序中的知识与技能，实现上岗就能上手，从而缩短职业适应期，尽快进入职业角色。

二、课程内容结构

（一）工作过程系统化课程设计

工作过程系统化课程设计理念在具体到某门课程设计时，则要根据职业特征及完整思维细化以学习领域为主题的学习情境。学习情境也称为学习单元，是教学任务工作化的关键，既要求关注职业工作特征六要素，即对象、内容、手段、组织、产品和环境，又要求顾及个体思维过程的完整性，即资讯、决策、计划、实施、总结和评价。学习情境必须具备三个基本要求：必须有三个及以上要素；必须是同一个范畴；重复的是步骤（工作过程）而不是内容。学习情境之间可以是平行、递进和包容的关系。学习情境须借助某种载体（M），进行传递或承载有效教育教学信息。专业课程载体从形式上可以是项目、案例和模块等，从内涵上可以是设备、现象、零件、产品等；基础课程从形式上可以是活动、问题、试验等，从内涵上可以是观点、概念、

① 王雅静 . 山西省新任特岗教师职业适应性的调查研究 [D]. 成都：四川师范大学，2017：28，43.

原理、公式等。载体的选择要具备范例性、开放性和可操作性。课程实施主要按照资讯、决策、计划、实施、总结、评价这一人类做事的普遍规则，对学习情境开展灵活多样的教学，在不断重复的工作步骤中，实现教学内容的升华（如图 1 所示）。

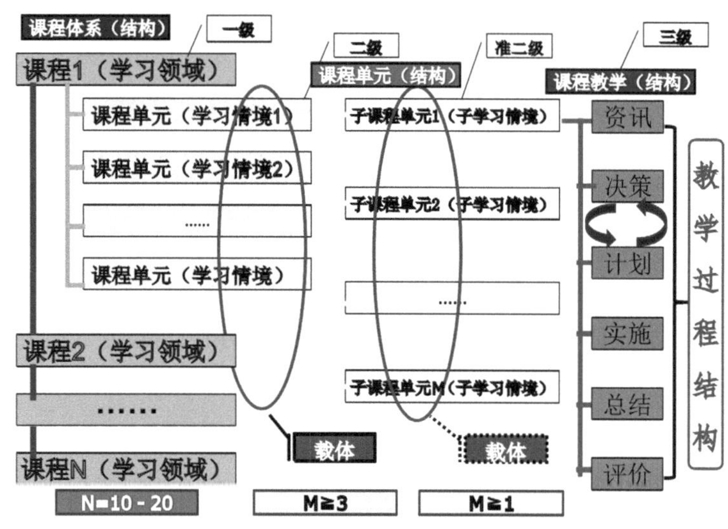

图 1　工作过程系统化课程设计

（二）课程结构框架

根据上述课程设计的理念，本课程以中小学教师承担的主要工作（任务）为载体，设置为教学工作、教学研究工作和班级管理工作三个学习情境，每个情境根据资讯、决策、计划、实施、总结和评价，设置具体的工作环节，工作情境之间呈现并列的关系，重复的是步骤，改变的是内容（如图2所示）。

具体而言，本课程主要包括以下三个教学模块：

（1）教学工作：主要围绕课程教学工作环节展开。该模块主要使学生理解和掌握教学有关的一系列基本概念、基本理论、基本方法。帮助师范生或新入职教师掌握基本的教育教学技能，提升他们从业的教学基本素养，能够运用所学解决职业生涯中的实际问题，从而更好地从事教育教学工作。培养师范生对教育事业的感情，增强工作的自觉性、责任心，具备做一名教师的基本素养。

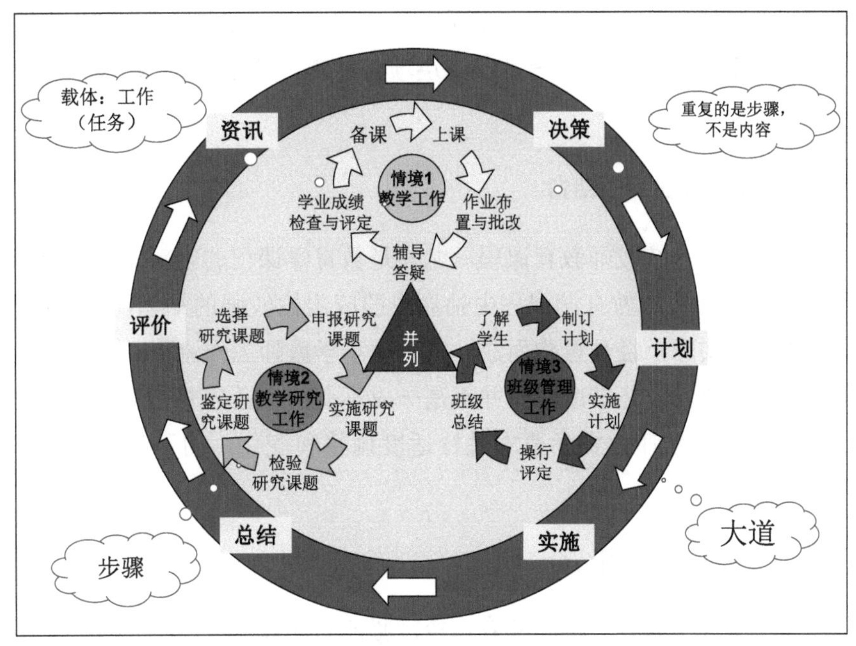

图 2　教师工作实务指导课程设计

（2）教学研究工作：主要围绕教师教学研究课题展开。该模块主要指导师范生和新教师了解教学研究课题的整个运行过程以及每个环节的特点、内容和要求，培养师范生或新入职教师正确选题、科学填写课题申请书、恰当运用研究方法以及成果表述等方面的能力，促进教学工作的提升。

（3）班级管理工作：主要围绕班主任工作展开。该模块主要是让师范生或新入职教师学会认识学生的方法技巧，正确认识班主任工作的性质和任务，明确班级管理工作的流程，树立现代班级管理理念，力争做一名新时代优秀班主任。

三、课程学习方法

（一）理论联系实际

“教师工作实务指导”是在工作过程系统化课程理念指导下教育基本理论与中小学教师职业岗位实践相结合的“合金”。既需要以教育基本理论为前提和指导，也需要结合中小学教师工作实际，因此，在学习这门课程时，师生既要根据每个模块的内容指导进行模块项目练习，又要理解每个环节中体现的教育理论价值。

（二）规范与创新相结合

本课程是对传统教师教育课程，尤其是教育学课程的创新，具有原创性，其中的教学内容是从教育学课程中抽离出的应用性较强的知识，结合中小学教师工作岗位实际，经过重构而成，符合中小学教师工作流程，具有规范性。但是，这些规范性的环节或程序并不是一成不变的，还需要在学习的过程中，根据不同学校对教师的实际要求进行适度调整和变化，切不可片面、机械、僵化地理解和运用。

（三）指导与自主相结合

本课程属于从教育理论向教育实践过渡性的课程形态，属于应用性课程，教师要充分发挥主导作用，调动学生学习的积极性、主动性。第一，教师要做到精讲多练，合理使用现代教育教学技术，充分展示或演示典型案例、图表，让学生掌握知识技能；第二，学生要自觉主动完成教师布置的课堂作业或项目，在课堂上积极展示，积极研讨，加深对知识技能的认识，提升动手操作能力；第三，师生要注重教学反思，总结教与学过程中的经验和教训，做到扬长避短、长善救失。

思考与实践：

1. 谈谈你对学科体系与行动体系课程的理解。
2. 根据工作过程系统化课程设计理论，尝试重构你所教学科教学内容。

第一篇 教学工作

一
备课

二
上课

三
作业布置
与批改

四
辅导与
答疑

五
学业成绩
检查与评定

第一章　备课

第一节　备课概述

备课是教学工作的首要环节，需要考虑学生、教材和场地等诸多因素。教案编制技能是师范生或新入职教师必须掌握的重要的教学技能之一。

一、备课的含义

一般来说，备课就是教师在上课前作的教学准备。备课是教学的基本环节之一，是上好课的前提和基础①。

上好课就要备好课。备好课是上好课的基础和前提。许多优秀教师在教学实践中积累了一条共性经验，就是不上无准备的课。我国著名特级教师斯霞说："我教了五十多年的小学，现在上课也要认真备课。备课的时间要几倍于上课的时间。"无独有偶，苏联教育家苏霍姆林斯基一次听历史老师的课，课后问他用了多长时间准备，历史老师说用了一辈子。可见，不仅新手教师要认真备课，有经验的老教师也要认真备课。不仅对新教学科目要认真备课，对非常熟悉的甚至教过几遍的科目也要认真备课。备课是常备常新、博采众长、不断创新的过程。

我们看到，有些教师业务水平稍差，但由于努力备课，刻苦钻研教材，充分了解学生，结果课上得非常好。有些教师的知识水平较高，教学经验也很丰富，可是课上得并不精彩，主要是不精心备课的缘故。我们又看到，有

① 中国大百科全书．教育卷 [M]. 北京：中国大百科全书出版社，1993：20.

些教师搞观摩教学时，教学效果比平时好，就是因为在备课中多下了功夫。正如《礼记 · 中庸》所言，凡事预则立，不预则废。

二、备课的意义

（一）备课是上好课的前提和基础

上课是教师教学工作的核心与重点环节。上课其实也是师生教学活动面对面、真实开展的过程，教学过程是根据学生的身心特点和认识事物的规律而开展的一种育人活动。备课就是运用系统的方法对人的因素和物的因素进行具体计划，从而预设教学的过程或程序。教学过程同时也是一个从实践到认识再到实践的有序过程，教师上课需要综合考虑各个环节的设计及依据。一般而言，课程导入的环节往往采取感性的经验，即感性认识，为授新环节的理性认识奠定基础，之后的课堂练习和巩固环节是知识技能的准实践环节，即遵循了毛泽东同志所说的，在实践的基础上对一个具体事物的认识，总要经过从感性认识到理性认识、从理性认识到实践这样两个飞跃阶段。只有教师的教学环节能上升到认识论这个高度，紧紧围绕课堂教学目标、教学重难点，对教学各个环节进行精心设计，巧妙运用科学的教学方法，才有可能在教学中融会贯通、得心应手，从而达到良好的教学效果。

（二）备课是了解和研究学生的过程

学生既是教育的对象，也是学习的主体。因此，了解和研究学生是教育教学发生的逻辑基石。教学的最终目的在于培养全面健康、可持续发展的人才，促进每一名学生的和谐发展。“教学中学生的个体差异是客观存在的。在承认差异存在、尊重学习个体差异的前提下，超越个体差异，……以促进全体学生的全面发展，应是我们努力的新方向。”① 了解和研究学生的渠道是多种多样的，既可以通过课堂与学生交流，也可以通过课后的辅导与答疑深入了解，还可以运用间接手段了解学生特点。备课表面上看是指向课堂、课本、课业，但实则是指向学生。陶行知先生认为，先生的责任不在教，而在

① 孔凡哲 . 有序备课：备课实务与新技能 [M]. 长春：东北师范大学出版社，2008：5.

教学，在教学生学。学生不是一台机器或容器，而是一个有血有肉有情感的个体，需要教师予以充分关注，做到因人而异，因地制宜，实现师生生命场的对话。

（三）备课是教师专业化成长的有效途径

1966 年联合国教科文组织和国际劳工组织在《关于教师地位的建议》报告中强调了教师的专业性质，认为“教学应被视为专业”，并正式将教师列为一个专业化的职业①。教师职业专业化虽然得到国际相关组织的认可，但这只是一种提倡，甚至是一句口号，真正的专业化是一个漫长的发展过程。所谓“专业化”，简单来说，就是某种职业所具有的不可替代性。不可替代性越强，说明这个职业的专业化程度就越高，如医生、律师、工程师、会计师等职业，已经赢得社会的广泛尊重和认可。教师职业目前在大学阶段还具有相对较高的专业化水平，但在基础教育阶段，教师的专业化程度就不是很高了。提升教师职业专业化水平，除了需要我们熟练而系统性地掌握所教科目的基本知识和技能，更重要的是掌握如何教的知识和技能，备课就是其中非常重要的组成部分。严格来说，备课是一门大学问，不仅需要教师通晓所任教科目的知识内容，而且要将所教知识内化于心，通过自身的创造性转换，变成具体化的学生接受度较强的知识。备课要达到上述要求，就需要紧紧围绕教学目标，充分利用和挖掘相关教育教学资源，选择和运用恰当的教学方法、手段、教学组织形式，促进学生全面发展。因此，那种一成不变的教学和“一本教案教一年，教案十年都不变一变”的时代已经一去不复返了，教师只有想方设法地不断学习，才能跟得上时代发展的步伐②。此外，备课的过程其实也是一个不断修正、提高、进步的过程，更是教师不断汲取丰富营养、提高自身可持续发展能力的过程。教师备课要做到常备常新，不断挑战自我。

---

① 范仲远．关于“教师职业专业化”概念的思考 [J]. 四川师范大学学报（社会科学版），2007（1）：62-65.

② 孔凡哲．有序备课：备课实务与新技能 [M]. 长春：东北师范大学出版社，2008：5.

三、备课的基本要求

备课是一个复杂的系统工程，要求教师不仅关注师生等人的因素，也要因地制宜、因势利导、因时而教。备课虽是一种教师个体行为，但是从教学规律来讲，又必须遵循一些共性要求。

（一）目的性

教学是一个有目的、有计划、有组织的活动。备课是教师从事教学活动的设计方案，本身就体现出了较高的计划性和目的性。教师备课首要考虑的因素就是所任课程总体的教学目标及其在不同学段总目标中的位置和相互之间的联系。在此基础上，要充分考虑每章、每节课的目标，做到知识、能力、态度三者的统一，这也是教学的教育性、智能性规律所决定的，即教学生学习知识、技能的过程也是注重学生能力和品格提升的过程。

（二）系统性

系统性是指教师在备课过程中，要从系统的角度综合考虑备课涉及的种种因素，做到局部与整体的统一、本节课与本单元以及整本书的内在统一等。备课过程中，教师应避免为备课而备课的误区，更不能将备课看成是一种简单重复工作。认真备课是教师勇于担当的行为，要处理好本节课的教学目标与整个科目的教学目的之间的关系，处理好本节课内容在整个科目中的位置及前后知识之间的有机联系，要全面考虑学生知识现状、教学方法选择、教学组织形式、教学场地、手段、时间等各方面的资源和条件，做到通盘考虑、综合设计、整体安排。

（三）针对性

备课既要备教材教法，更要备学生学情，要针对学科特点、教学内容、学生基本情况做到教法与学法的统一、教师主导作用与学生主体作用的统一。陶行知先生认为，教的法子应根据学的法子，学生怎么学，先生就怎么教。叶圣陶先生强调，教是为了不教。这充分说明教师备课不要目中无人，要做到教、学、做合一，提高教学的针对性，因人而异、因材施教。

（四）协调性

备课过程中，教师承担着设计师的角色，要充分考虑备课的计划性，做到时间与空间的统一，明确在什么时间、运用什么方式方法和手段、在什么场地、教什么内容。此外，还要充分考虑备课的设计性，要做到教学内容与教学形式的统一，不同的教学内容可以选择不同的表现形式进行最佳表达；教案设计要做到图文表并茂，内容精炼，格式规范，形式多样；要做到校内外教学资源的整合，必要时可以利用学生家长的专长和优势或联系社会相关机构，通过请进来或走出去，开展校内外结合的教学，以达到开拓学生思维、开阔学生视野的目的。

四、备课的要素

人们常说，备课要备三个方面，即备教材、备学生、备方法，简称“老三备”。尽管目前出现了五花八门的备课要素，如备思想、备内容、备学生、备教师、备教法、备教具、备语言、备教态、备板书、备场地、备生成、备习题、备时间、备教案等，但从哲学认识高度来看，这些因素其实都是源自于“老三备”因素，都是对“老三备”因素外延的拓展，改变的只是其形，本质上是统一的。

（一）备教材

1. 备目标

教师教学必须通过对课程标准与课程内容的钻研，明确教学的三维目标、教学内容的重点和难点，使教学过程达到整体优化课程目标是一个系统，必须做到上下呼应，做到教材目标与国家课标相一致，章节目标和章时目标支撑教材目标。此外目标要涵盖知识、能力和素质三个维度内容。

2. 备内容

备内容是教师把握教学大纲、吃透教材、明确重点和难点的过程。教师要在吃透教材、钻研教材上下功夫，不能脱离教材另搞一套，因为基础教育阶段属于普通教育性质，教材的知识都是由国家确定下来的科学知识。但也不能照本宣科，需要适度引申和拓展，这是备好课的关键所在。

3. 备习题

习题可以分为课上习题和课后习题，主要是为了强化和巩固学生课上学习到的知识技能。习题的选择要讲究方法，教师要根据学科的特点及教学要实现的目标、教学内容的重难点以及学生掌握的不同程度，来准备习题。既要有启发性、针对性，又要把握好习题“质”与“量”的关系，让优秀生“吃得饱”，让中等生“吃得了”，让后进生“吃得消”，提高学生完成习题的自觉性和主动性，从而饶有兴趣地完成习题任务。

（二）备学生

1. 备观念

关于学生在教学中的地位，教育史上存在两种截然不同的立场，一种是以德国教育家赫尔巴特为代表的“教师中心论”，一种是以美国教育家杜威为代表的“儿童中心论”。前者强调教师在教学中的主体作用，后者则相反。辩证唯物主义教学论认为，两者不可偏废，要做到教师主导与学生主体的统一。我们要坚持教育的基本方针和基本规律，改变极端教学思想，改进教学方法，在教学中充分发挥教师的主导作用，充分体现学生的主体作用。教师要自觉树立为学生教育服务的教学观念，要从实现教育强国高度出发，梳理素质教育思想，充分认识学生的特点，尊重学生人格，激发学生学习兴趣，调动学生学习积极性、主动性和创造性，培养新时代中国特色社会主义建设者和接班人。

2. 备学情

学生是教育的对象，教师备课应做到因人而异、因材施教。了解和研究学生的情况是取得良好教学预期效果的必要前提。教师要深入了解学生的学习动向、现有知识基础、心理特点和接受能力，全面分析不同层次学生在学习过程中的优势和不足，合理确定教学目标和要求，确定教学内容、教学进度和方法，甚至设计出针对不同学生的问题和习题。这样才能调动学生学习的主动性、积极性，达到良好的教学效果。

（三）备方法

1. 备教法

教法就是教师如何教，体现为一套科学的程序或步骤。好的教学效果，不仅取决于好的教学内容，更取决于恰当的教法。在吃透教材的基础上，采用什么样的教法就是要重点考虑的问题。一般而言，我们遵循教学有法、教无定法、贵在得法原则，根据课程性质、教学目标、教学内容、教师和学生特点而定，如讲授法、问答法、讨论法、演示法、读书指导法、实验法、实习作业法等。应根据不同的内容和要求进行认真考虑和研究，以采取不同的教法。但都要遵循启发式、探究式教学思想，不同的教学科目应侧重不同的教法，同一种教法也可以应用于不同的科目，如讲授法可分为讲解、讲述、讲读和讲演四种方式，语文和外语等语言类科目更适合讲读、讲述，生物等自然科学类科目更适合讲解。当然教法的选择要做到全面考虑、综合应用，任何一种的教法都不可能达到最佳的教学效果，多种教法结合不仅能激发学生学习的热情，而且能加强学生各种能力的培养。

2. 备学法

学法主要是指学生的学习方法。在现实教学中，教师会发现很多学生学习态度很端正，学习热情很高，学习也很勤奋，但是学习效果不佳。其实产生这种现象的主要原因是学生的学习方法不合理。因此，教师教学的过程中一定要关注和了解学生的学习方法。首先，教师要了解自己所任教课程的性质，知道用什么学习方法来学习获得的效果最优；其次，教师要针对不同学生的思维特点、学习习惯，进行有针对性的学法指导，为学生量身定制一套科学的学习方法；最后，教师在备课中要精心设计教学内容，让学生做到有效地学，譬如对抽象的教学内容可以教学生一些形象记忆法，避免死记硬背。

此外，备课需要考虑的因素还有很多，如教学环境、教学条件、教学生成等。由于篇幅所限，不再赘述。

五、备课的分类

按照备课所涵盖的范围划分，备课可以分为学期教学计划、单元教学计划和课时教学计划三类。

（一）学期教学计划

学期教学计划是根据校历和所任教科目教学内容等进行通盘考虑后，制订出的一学期的课程教学安排，具体制订步骤如下。

1. 钻研课程标准和教科书，系统掌握教学内容及其中的难点、重点和主线。这是教师拿到一门课程后首先要做的事情，因为这关系到后续更为具体的教学计划的制订。教师了解课程标准、阅读教科书后，应重点关注课程的框架结构，其中的重点和难点，要做到心中有数，为后续合理安排教学时数奠定基础。

2. 了解学生。主要指学生的年龄特点，具体指学生对本门课程的学习目的、学习态度、学习方法、学习兴趣、学习基础以及学习可能存在的困难等方面情况。

3. 确定目标。主要根据课程内容和学生特点，确立本课程培养目标。应在认真钻研课程内容基础上，确立知识、能力和态度等方面的目标，实现教书育人的目的。

4. 挖掘课程资源。课程资源主要指本门课程所涉及的人、物、场地等方面的条件。信息时代，网络是一个非常丰富的教学资源，学生的家长、朋友也是潜在的可利用的人力资源，社区、工厂、企业甚至政府机关都是可以挖掘的教学场所资源。

5. 熟悉学校校历安排。学校校历是学校一学期或一学年围绕教学活动所安排的工作计划，其中大部分时间是直接教学，还有运动会、集体劳动等活动安排，学期教学计划要服从学校安排，不得与学校校历发生冲突。

6. 制订课程教学计划。综合上述步骤要求，按照学校学期教学计划要求，认真填写各项内容，具体如表 1-1 所示。

表 1-1　学期教学进度

<table>
<tr><td colspan="6">科目：　　　　　　　　班级：　　　　　　　　任课教师：</td></tr>
<tr><td colspan="6">学期：
制订计划日期：　　年　月　日</td></tr>
<tr><td colspan="6">课程名称：　　编者：　　出版者：　　出版时间：</td></tr>
<tr><td colspan="6">学生简况：</td></tr>
<tr><td colspan="6">教学目的要求：</td></tr>
<tr><td>周次</td><td>日 期</td><td>教学时数</td><td>教学内容</td><td>教学方法、手段</td><td>备注</td></tr>
<tr><td>1</td><td></td><td></td><td></td><td></td><td></td></tr>
<tr><td>2</td><td></td><td></td><td></td><td></td><td></td></tr>
<tr><td>3</td><td></td><td></td><td></td><td></td><td></td></tr>
<tr><td>……</td><td></td><td></td><td></td><td></td><td></td></tr>
</table>

（二）单元教学计划

学期教学计划是从教学内容和时间上总体安排教学工作，单元教学计划则要从单元教学内容的内在联系上安排教学工作。教师要在学期教学计划的基础上，对课程中的每个单元或章节作进一步的计划安排，主要步骤如下。

1. 确定单元教学目的，明确本单元教学在实现整个课程目的中的作用和地位。单元教学目标要紧紧围绕课程总体目标，根据教学内容的不同，具体可以有所侧重，或侧重掌握相关知识，或侧重形成某种能力，或侧重形成某种态度。

2. 弄清单元各部分内容之间的关系。首先，要明确本单元的重点、难点及关键点；其次，要明确单元中各部分内容之间的联系；最后，要厘清本单元与其他单元之间的内容联系。

3. 划分单元各部分内容的教学时间。教学内容的时间安排不可平均用力，要视教学重点、难点情况进行合理安排。

4. 制订单元教学计划。根据上述步骤要求，认真填写单元教学计划的各项要求，具体可参见表 1-2。

表 1-2　单元教学计划

<table>
<tr><td>设计者</td><td></td><td>学校</td><td></td><td>年级</td><td></td></tr>
<tr><td>单元主要内容</td><td colspan="5"></td></tr>
<tr><td rowspan="2">单元教学目标</td><td colspan="2">能力目标</td><td colspan="2">知识目标</td><td>态度目标</td></tr>
<tr><td colspan="2"></td><td colspan="2"></td><td></td></tr>
<tr><td>单元重、难点</td><td colspan="5"></td></tr>
<tr><td>单元教学课时</td><td colspan="5"></td></tr>
<tr><td>课时</td><td>课时目标</td><td>课时学习内容</td><td colspan="2">策略与评价（含学练形式、方法手段和学习效果检测）</td><td>课时重点难点</td></tr>
<tr><td>1</td><td></td><td></td><td colspan="2"></td><td></td></tr>
<tr><td>2</td><td></td><td></td><td colspan="2"></td><td></td></tr>
<tr><td>3</td><td></td><td></td><td colspan="2"></td><td></td></tr>
<tr><td>4</td><td></td><td></td><td colspan="2"></td><td></td></tr>
<tr><td>备注</td><td colspan="5"></td></tr>
</table>

（三）课时教学计划

课时教学计划又称教案，教案是具体课时的设计方案，是教师上课的主要参考依据和指南，主要包括以下内容。

1. 教学基本情况。包括上课班级、章节名称、教学目的、重点难点、课的类型、教学方法、教学时数、教学辅助工具等。

2. 教案的内容结构。教案的主要内容，可以按照学科课程结构安排（复习、呈现、授新、巩固、作业）；也可以按照活动课程结构安排（情境设置、提出问题、选择假设、检验假设、得出结论）。

3. 教案的编写格式。教案的编写格式可以多种多样，因课因人而异。按照呈现结构不同，可以分为讲义式、提纲式和综合式；按照详略程度，可以分为详案与简案；按照表现方式不同，可以分为表格式与文字式；按照存储介质不同，又可以分为电子教案与纸质教案。不管是何种形式的教案，教学目标、教学重难点、教学内容等基本要素都要得到明确体现。

4. 教学反思。教学反思是教师对设计出的教案及教案在教学过程中实施效果的自我评价。可以总结成功的经验，也可以吸取失败的教训。如教学目标的完成程度，教学方法的适用性，教学时间、师生互动、课堂突发事件等教学问题的处理情况等。以表格式教案为例，根据教学活动安排，可以运用纵向结构和横向结构，具体见表 1-3 和表 1-4。

表 1-3　横向结构式表格教案

课题名称				
任课教师		班级		编制时间	
主要内容					
教学目标					
重、难点					
教学课时					
教学方法					
教学工具					
教学过程					
板书设计					
教学反思					

表 1-4　纵向结构式表格教案

<table>
<tr><td>课题名称</td><td colspan="5"></td></tr>
<tr><td>任课教师</td><td></td><td>班级</td><td></td><td>编制时间</td><td></td></tr>
<tr><td>主要内容</td><td colspan="5"></td></tr>
<tr><td>教学目标</td><td colspan="5"></td></tr>
<tr><td>重、难点</td><td colspan="5"></td></tr>
<tr><td>教学课时</td><td colspan="5"></td></tr>
<tr><td>教学方法</td><td colspan="5"></td></tr>
<tr><td>教学工具</td><td colspan="5"></td></tr>
<tr><td rowspan="2">教学过程</td><td colspan="2">教师教学活动</td><td colspan="2">学生活动</td><td>设计意图</td></tr>
<tr><td colspan="2"></td><td colspan="2"></td><td></td></tr>
<tr><td>板书设计</td><td colspan="5"></td></tr>
<tr><td>教学反思</td><td colspan="5"></td></tr>
</table>

表 1-4 与表 1-3 最大的不同在于在教学过程设计中采用了纵向结构，不仅呈现了教师的教学行为，同时也呈现出学生的学习行为，更为重要的是呈现了这一教学行为的出发点和依据，如可以是知识目标，也可以是教学重点，

还可以是某种教学方法等。这种纵向结构式设计，不仅呈现出教什么、学什么，还呈现出为什么这样安排。设计上的小小变化，可以随时提醒教师关注教学目标、重难点的实现，具有很强的创新价值。

第二节　备课常见问题

备课是教师教学的基本功，必须认真对待、高度重视。在现实中，有部分教师对编制教案的态度不够端正、认识不够深刻，出现种种不良现象。

一、常见问题

（一）课前不写、课后补教案

在某些教学管理不够严格的中小学校，有个别教师没有充分认识到备课的重要性，上课之前不认真编制教案，采用先斩后奏的方式，只拿着课本去上课，上完课之后，再根据教学参考书甚至别人的教案补写教案，以此来应对学校的检查。课上讲的与教案写的根本不匹配，出现了教案与课堂教学分离的现象。这种后补行为，是教师不认真甚至失职的表现，严重影响教育教学质量的提高。

（二）教案不能做到常备常新

一些教师备课、编写教案，没有其他教学资料，设计的教案沿袭传统，毫无新意。对教学内容很少作调整，多少年都是老面孔。此外，还有个别教师思想上放松，认为备一次课就可以一劳永逸，没必要更新，于是将自己过去所备过的课，多次重复使用。作为新时代教师，备课一定要做到常备常新，时常关注社会发展变化，不断更新知识、改进教学方法，切不可出现“老皇历”式的教案。

（三）教案编写重形式轻实质

现实的教学中，有些教师总认为教案是累赘，只是应付学校检查的“幌子”，于是就搞出一些花拳绣腿、华而不实的教案。这些教师往往不在备课的内容上花费心思，却在备课的形式上大做文章。编写教案本身是一项严谨的工作，来不得半点虚假和草率。教师的劳动具有强烈的示范性，如果教师不求真务实，必将深刻影响学生的发展。因此，教师在备课时一定要站在不误人子弟的角度，以实事求是、精益求精的态度，认真钻研教学内容，而不是做表面文章，过度进行教案形式上的编制工作。

（四）教案编写缺乏针对性

教学是教师教和学生学的双边统一活动，学生既然是教学的对象，教师课前备课，理应多了解学生的知识水平等情况，但现实中有部分教师备课目中无人，即便是有“备学生”的成分，大多也只是简单了解学生知识水平，实际上依然持有的是“教师中心论”教学思想。具体而言，有的教师在选择教学内容时，忽视学生的接受能力，重难点不分，在简单的知识点上花费很多时间，难点重点一带而过；有的教师在选择教学方法时，往往以个人的好恶来选择，根本不考虑学生的感受和教学内容的特点，以致课堂教学气氛沉闷，学生学习积极性较低。教学有法，教无定法，对于不同学生，因需求的差异，教师的教法也应有所区别。因此在备课时，教师一定要遵循教育规律，因人而异，因材施教，切不可目中无人、主观臆断，脱离课堂、脱离学生。

（五）教案编写不能持之以恒

在中小学校里，有一些教师，尤其是刚走上教师工作岗位的新教师，或者是新上一门课、新教一个班级的教师，在学期开始的时候心里还充满激情，严格按照备课的要求行事，备课非常认真、严谨，甚至上课前还进行多次自我演练，教案的书写工整、美观，内容不折不扣，教学安排从内容到形式都非常合理。可是一段时间过后，这种激情慢慢地消退，备课便出现了松懈。表现在教案上就是书写潦草、内容空泛、条理不清，有的就变成了抄书，分量严重不足。个别教师学期过半，就停止备课了。这种“虎头蛇尾”“前紧后松”式的备课危害很大，需要引起相关教学管理部门及部分教师的高度重视[①]。

二、走出备课误区

上述教师备课存在的问题，其实也反映出教师对备课工作在认识上存在误区，如何走出误区，需要我们认真反思。

（一）走出“补教案”的误区，让备课回归本位

课前不写教案、课后补写教案的行为，是教师的职业禁忌。备课虽然是一个复杂的过程，但最终需要落实到教案上。不写教案就直接上课，虽然说能根据经验或临场发挥完成一节课，但毕竟是偶然行为。编制教案是课堂教学的预设行为，是对课堂教学各种因素的综合考量，对于完成教学任务、提高教学质量具有积极的指导价值。人类的活动通常都具有目的性和计划性，教案就是课时计划，是落实教学目标的具体实施方案。我们编制的教案尽管在课堂教学中会有不合理之处，需要临时变化，课后进行反思并修改调整，但作为一名合格的教师，课前认真准备、编写教案，是义不容辞的责任和义务，思想上必须高度重视，行动上务求落实，这是教师最基本的职业要求。

（二）走出“不变”的误区，让备课走向创新

教育受制于并反作用于社会的政治、经济、文化等领域，这是教育与社会的关系或外部规律，说明教育要服务于社会发展的需要，并为社会需要培养各行各业的合格劳动者。这就需要教育的内容随着社会的发展不断进行更新和调整。教师的教案承载的主要内容是书本知识。而教科书的编写往往是滞后于社会发展的，教师已有的知识结构也会随着社会的发展逐渐陈旧。这都需要教师在备课过程中，用鲜活的社会发展信息补充课本知识的不足。此外，随着科学技术的迅猛发展，一些新的教学手段、教学组织形式正在悄然发生变化，如基于现代信息技术的慕课、翻转课、混合课，都需要教师不断

① 崔士德，刘雪．农村中小学教师备课中常见的问题 [J]. 教学与管理，2009（5）：18-19.

学习，更新教学方法和教学手段。那种“给学生一碗水，教师需要一桶水”的理念已经过时，取而代之的是教师需要像小溪水，长流不断，终身学习。

（三）走出“重形式”的误区，提高备课的含金量

学校的主要任务是向中小学生传递人类社会积累的优秀文化，培养全面发展的社会主义建设者和接班人。教学工作是学校的中心工作和主要任务，课堂教学是实施素质教育的主渠道，因此，向课堂教学要质量就是顺理成章的事情。教师的备课质量的高低直接决定了学校的教育质量。如何备出高质量的课？要处理好三种关系。首先，是内容与形式的关系，内容的选择是重点，形式是内容的表现方式，尽管也很重要，但不具有决定性；其次，是目的与手段的关系，教学目标是中心，教学手段是服务于教学目标或任务实现的；最后，是教书和育人的关系，教书的最终目的在于育人，因此教书是载体，育人是根本。上述三种关系其实就是事物本质属性与非本质属性的关系，作为中小学教师，在备课中，一定要处理好上述三种关系，在教学内容的选择与安排上下功夫，在教学目标的实现上下功夫，在学生的成长教育上下功夫，才能备出含金量较高的课程。

（四）走出“目中无人”的误区，让备课指向人

“以学生发展为本，尊重学生的个性差异”，要求教师在备课中有新课程理念下的学生观。需要教师更新理念，转变角色，在备学情上下功夫。首先，教师要转变教学观念和教师角色。学生是教学的伙伴和合作者，教师是学生学习的引导者和参与者，教师主导作用的发挥必须建立在充分调动学生积极性基础上。其次，教师要备学生的三种学习方式，即自主学习、合作学习和探究学习。再次，教师要备学生的个体差异。教师备课时应针对不同类型的学生设计不同的问题情境，为学生提供不同深度和广度的学习材料。最后，让学生参与备课。新课程强调，备课不是教师封闭式的个人行为，教师应充分发挥学生的主观能动性，鼓励、引导和组织学生借助网络等现代媒体参与备课[①]。

---

① 刘彩英．新课程理念下的备课观 [J]. 网络财富，2010（3）：78-79.

（五）走出“虎头蛇尾”的误区，让备课成为常态

“教之道，贵以专。”“教不严，师之惰。”这些传统教育观点形象而深刻地表明，教师的教学工作是一个需要持之以恒、不能有半点草率的工作。教师劳动的长期性和连续性，也说明培养学生是一个一以贯之、不间断的过程。因此，要解决备课不能持之以恒的问题，首先，需要教师确立坚定而健康的职业观，教师是一个神圣的职业，是需要无私奉献和辛苦付出的光荣职业。陶行知说过，捧着一颗心来，不带半根草去，就是这个道理。唯有树立了这种职业观念，才能保持对教学工作的热情。其次，确立自己的奋斗目标。目标是指引，也是内在的激励。作为教师，尤其是新教师或者是新授课教师，应确立自己的工作目标，用目标不断激励自己认真备好每一次课。最后，要积极参与教研活动。集体备课是当前中小学教师备课的趋势，教师之间可以相互交流，取长补短，督促自己备好课，从而达到不断提升备课质量的目的。

思考与探索：

1. 谈谈你对备课重要性的认识。
2. 试用本讲知识认真编制一份表格式教案。
3. 备课常见的问题有哪些？

第二章　上课

第一节　上课概述

备课是上课的前提和基础。但是，备好课不等于一定能上好课，除了将课堂教学内容设计好、写出教案外，更重要的是要根据课堂教学实际情况随时作出调整，随机应变。如何上好课？上课都有哪些技巧？本章我们来一一学习。

一、上课的含义与意义

（一）上课的含义

上课是教师将教学设计或设想付诸实施的过程。具体而言，就是教师根据教学目标的要求，遵循教学规律，运用科学的教学方法和手段等，完成教学任务的过程。上课是做好教学工作的关键。众所周知，实施素质教育的主渠道是课堂教学，因为课堂教学无论从占用的时间分配上还是课程教学的地位上，都具有其他教学环节无法比拟的优势。千百年来，教育家们无不把课堂教学的最优化、课堂教学组织形式、课堂教学评价等作为研究的主要内容。

（二）上课的意义

与其他教学环节相比，上课是教学的关键环节。首先，上课是对备课环节的实施和检验，备课的目的是上好课，并通过上课进行检验和修正；其次，布置作业与辅导答疑环节是上课环节的延伸和深化，如果上课的质量不高、效果不好，势必会影响作业的质量和辅导答疑的效果；最后，上课是学生成绩评定与检查环节的基础，学生成绩的优异离不开有效的教学。因此，深化教育改革，提高教学质量，关键在课堂，向课堂教学要效率、要质量就成为当前教育改革的重点和方向。

二、课的类型与结构

（一）课的类型

课的类型是指课的种类。根据一节课完成教学任务的数量可以划分为单一课和综合课。单一课是在一节课内主要完成一种教学任务的课，如授新课、练习课、复习课、实验课、测验课等。综合课是指在一节课内同时要完成几种教学任务的课。如既有复习，又有授新，还有练习的课。其实，综合课和单一课的划分也不是严格的，不可机械理解。单一课与综合课相比，也可以有其他教学任务，只是整节课的主体是某种类型的课而已。如新授课中也有检查学生作业和布置作业环节，如表 2-1 所示。

表 2-1　课的类型与结构

课的类型	课的结构	
一、综合课	1. 组织教学	1—2 分钟
	2. 检查复习	3—8 分钟
	3. 讲授新教材	10—20 分钟
	4. 巩固新知识	10 分钟
	5. 布置课外作业	5—8 分钟
二、新授课	1. 揭示新课题及其意义	
	2. 说明讲授计划	
	3. 按计划叙述	
	4. 概括基本原理	

（续表）

课的类型	课的结构
二、新授课	5. 问答学生作业
	6. 布置作业
三、作业指导课（未划分环节）	
四、检查—复习课（未划分环节）	

（二）课的结构

课的结构是指课的组成部分以及各部分进行的顺序和时间安排。按照师生在课堂教学中发挥作用的不同，可以分为学科课程教学结构和活动课程教学结构。

1. 学科课程教学结构

以综合课为例，构成学科课程教学的基本部分有：组织教学、检验复习、讲授新知识、巩固新知识、布置课外作业等。

（1）组织教学。组织教学的目的在于集中学生注意力，维持课堂秩序，保证教学顺利进行，组织教学贯穿于全部教学过程中。上课开始时，教师要了解学生物质上和思想上的准备，前者主要指教科书、作业本及文具等，后者主要指学生上课的情绪是否安定、精神是否集中等。上课过程中要随时注意维持课堂秩序，吸引学生听课的注意力，组织好教学各项工作，使教学顺利进行。

（2）检查复习。为了做到温故而知新，通常要进行检查复习。检查复习的目的在于复习学过的教材，加强新旧知识的联系，为授新环节打下基础。如要讲梯形的面积，可以先复习三角形和矩形的面积，以便通过割补的方法推导出梯形的面积公式。检查复习的方式有口头问答、黑板演算或检查课外作业等。

（3）讲授新知识。这是一节课的中心环节，在这个环节，教师要做到讲解思路清晰、层次清楚、系统性强、语言流畅、逻辑性强、观点明确、论证有力等。最好在 20 分钟左右将新知识讲解清楚。这一环节也是教师讲课最需用力、最精彩、最有效的部分，要想方设法调动学生学习的积极性，使全员全身心投入进这一环节的学习中。

（4）巩固新知识。根据艾宾浩斯遗忘曲线先快后慢的规律，教师在讲授新知识后，要及时巩固，巩固新知识的目的在于使学生对所学的新教材当堂理解、消化和巩固。一般可通过提问、复述、课堂练习等多种方法来进行。

（5）布置课外作业。课外作业的布置一定要质、量得当，既要有针对性、代表性和挑战性，又要考虑学生的时间和身心健康，严格按照教育部相关文件规定执行。

2. 活动课程教学结构

活动课程教学结构不同于学科课程教学结构，活动课程的教学过程，就是教师指导学生自主活动的过程，是教师的指导和学生自主活动紧密结合的过程。活动课程教学结构一般包括情境、问题、思考、操作、总结五个阶段。

（1）情境。情境即活动所需要的氛围。不同类型的活动课有不同的情境。例如，音乐活动课，活动地点是音乐活动室，室内有架钢琴，全体学生的合唱在这里汇成歌声的海洋。这种有声与无声的、有形与无形的因素交织在一起，便构成了音乐活动课的美感情境。

（2）问题。活动课程教学中的问题一般有两层含义：一是指活动的题目，二是指活动所要解决的矛盾或疑难。问题在学生自主的兴趣活动中能起到关键的作用，活动效果在很大程度上取决于所提问题的质量。只有那些富有启发性、探索性的问题，才能激发学生活动的兴趣、探索的欲望和创造的热情。由浅入深、循序渐进地提出问题，才能使活动过程不断深化，并达到预期的活动效果。

（3）思考。思考是活动过程中比较深刻、比较周密的思维活动。活动课实施的过程离不开思考，在活动前，要有一个活动构思与活动设计。在操作过程中，一旦发现不当，便要积极思考如何克服困难、解决矛盾。在活动结束后，师生需要认真思考如何正确评价。特别需要注意的是，思考要贯穿于活动的全过程。

（4）操作。操作就是学生动手解决实际问题。操作有动作操作和智力操作两种。活动课程中的操作多是动作操作。在活动课的结构中，唯有动作操作最能体现活动课的特点。通过具体操作活动，能培养学生的兴趣、爱好和特长，发展学生的创造力。

（5）总结。这是对整个活动过程和活动效果的评价。总结的目的是检查活动课的成败得失，促成认识的上升和思想感情的升华，并为后继活动的开展提供参照性建议。总结既可以在 40 分钟内完成，也可以在两个或两个以上的 40 分钟内完成。总结以教师为主，同时也要让学生参与，以培养学生的总结能力①。

通过学科课程结构和活动课程结构的介绍，不难发现，学科课程教学结构重在教师的组织与讲授，而活动课程教学结构重在学生的思考与操作，前者主要以归纳的方式传授科学知识，后者主要以演绎的思维方式解决自然、社会或生活中的实际问题。不同的结构对学生的思维方式以及创新精神产生不同的效果。

三、上课的基本要求

那么，上课究竟有没有一个统一的评价标准？答案显然是没有，因为影响上课的因素有很多，“一千个观众眼中有一千个哈姆雷特”，不同的教师、不同的学科、不同的方法、不同的学生，就会有不同效果的课。尽管如此，上课毕竟还是有一些共性的原则，需要教师遵循。

（一）目标明确

人类的活动都是有目的性的，目的性是区别于其他动物的根本特征之一。学校的教育活动中，上课是教师最经常性的活动。每节课都是有计划、有目的、有组织的最小单元。目标是否明确是判断一节课成败的关键，目标的确定要求大小适宜、难度适中，目标的数量不可过多过散，目标要与内容、方法、手段相统一，最后还要看这节课的教学目标是否充分实现。

（二）内容正确

在目标确定之后，教学内容选择是否合适、是否正确、是否健康就成为

① 刘启迪．试析活动课程教学的过程和结构 [EB/OL].（2015-04-12）[2022-03-10]. http://www.docin.com/p-1121335083.html.

判断上课效果的一个标准。中小学属于普通教育阶段，是普及人类文化文明的阶段。教科书上的内容都是经过反复论证研讨确定下来的正确的、定论的观点和信息。作为教师，切不可为了贪图丰富多彩，对教科书以外的知识信息不加思考和鉴别，拿来就用，否则极可能导致教学内容不严谨，甚至出现错误。

（三）方法得当

教学有法，教无定法，贵在得法。这是最基本的教学方法观。方法是实现教学目标的途径。作为教师，首先，要了解中小学教学常用的方法以及每种方法的适用范围，如讲授法是最基本的方法，适用于任何教学科目，但其中具体的四种方式却适合于不同性质的科目和不同年龄阶段的学生；其次，教学方法的应用要有层次感、逻辑性；最后，要注意综合运用不同的方法，产生 1+1 ＞ 2 的效果。

（四）表达清晰

教师这个职业与演员的职业有一个相似之处，就是对语言表达能力的要求较高。一般而言，语言表达有三重境界，第一重境界是合格标准，即要求教师运用普通话，书写规范字，表达基本流畅；第二重境界是良好标准，即要求教师在合格基础上，语言表达要层次分明、逻辑性强、简洁明快、讲求抑扬顿挫；第三重境界是优秀标准，要求教师的语言要生动深刻、惟妙惟肖、诙谐幽默，具有较强的美感。教师的语言表达是一个不断进步的过程，需要下功夫不断提高语言表达能力。

（五）气氛热烈

课堂教学是师生教与学的场所，是生命的对话场。有专家认为，课堂独特的价值就在于它是公共空间，这个空间需要有思维的碰撞、相应的讨论，最后在这个过程中师生相互交流生成许多新的东西①。过去中国人民抗日军事政治大学的校训就是“团结、紧张、严肃、活泼”八个字，这八个字在新时

① 叶阑．一堂好课的标准 [J]. 考试（理论实践），2014（12）：15.

代的今天应用在我们的课堂上也非常合适。课堂教学是师生相互配合学习知识的一种严肃活动，也是发扬民主、师生平等交流互动的地方。但要避免一种不好的倾向，就是杜绝表面热闹、心理烦躁、实则无效的作秀式表演。

第二节　上课技能

课堂是目前课程实施和教学活动的主要场所，本节按照课堂教学活动顺序，主要介绍导课技能、语言技能和结课技能。

一、导课技能

导课是导入新课的意思，这是每次课开始前都需要教师认真思考和精心设计的环节。导课的根本目的，一方面是吸引学生的注意力，把精神状态调整到课堂教学中来，另一方面是为后续的教学环节奠定良好的基础，实现平稳过渡。从这个角度来说，导课的好坏直接影响后续教学环节甚至整节课的效果。

（一）导课原则

1. 导课要有明确的目的性

既然导课的主要目的是吸引学生的注意力，实现教学环节的平稳过渡，那么导课的设计就必须遵循上述目的，做到有的放矢。好的导课一般会产生温故知新，缓解紧张气氛的效果。万事开头难，良好的开端是成功的一半。教师在导课的设计上要根据班级学生特点、教学内容需要，因时发挥、因事引导、因地制宜，实现导课的目的。

2. 导课要做到少时高效

导入新课只是讲授新课的前奏曲，不是重点，所以没有必要花费太长的教学时间。有效的导课，应在尽可能短的时间内，用最巧妙的方式展现，完成事先设计好的目标或任务。如一位教师在教学人教版高三语文《念奴娇·赤壁怀古》一文时，导课如下。

有这样一件有意思的事。音乐家想把这首词谱上曲子，作为《话说长江》的主题音乐会的歌曲，但他们嫌这词太长，于是有人提议浓缩一半，当他们向几位诗人提出要求以后，诗人们哈哈大笑："怎么？把东坡的《念奴娇》改短？这可是千古绝唱啊！别说减一半，谁改得动一个字？"好吧，咱们今天便来学学这千古绝唱的《念奴娇》，看看能改动一个字吗？[①]

3. 导课要做到新奇有趣

好的导课往往会抓住学生的注意力。心理学研究表明，新奇有趣的事物更能引起人们的知觉和关注，集中学生的注意力。因此，具有新颖性的导课往往能够引起学生极大的兴趣。

有一位初中体育老师在教学生立定跳远这个项目时，没有亲自讲解立定跳远的动作，而是从教学包中取出一只事先准备好的青蛙，同学们非常好奇，私下里议论纷纷。这位老师看到同学们好奇的表现后，就说，我们今天先来观察一下这只青蛙是如何跳的，然后说出青蛙跳的动作要领，随后就让同学们围过来观看青蛙跳的动作，并模仿青蛙跳的动作。这引起了同学们浓厚的兴趣，很好地调动了同学们的积极性。

这位体育老师别出心裁，一改往常的说教导课方式，收到了非常好的教学效果。

（二）导课的形式与方法

导课既是一种方法，也是一种高超的教学艺术。人们在长期的教学实践中，总结出了各式各样的导课形式，常见的有下列几种。

1. 温故式导课

温故式导课的目的是温故而知新，是中小学教师最常用的导课方式。此种导课方式可以实现知识的自然过渡，能使学生对新内容有亲切感，把注意力很快集中到新课上。比如，在学过三角形和矩形的面积公式后，再学习梯形的面积公式时，就可以前后联系起来设计导课环节。

---

① 严德沛 . 开课伊始 情趣顿生 [J]. 陕西教育，1997（12）：23.

2. 直接式导课

直接式导课也叫开门见山导课，有时为了节省授课时间或学习比较简单的新知识，教师往往开篇点题，直奔讲课主题。这种导课方式的优点是简明高效，不故弄玄虚，但如果是学生比较陌生或较难的内容，不用导课铺垫一下，将会影响学生的学习效果。

3. 问题式导课

问题式导课是教师经常运用的一种方式，主要根据新的教学内容，精心设计出新颖有趣、具有一定挑战性的问题，此导课方式适用范围广，常为中小学教师使用。比如，有位老师在上初中语文《致女儿的信》这篇课文时就采用了下面的导课方式。

16—17 世纪伟大的诗人、剧作家莎士比亚曾经在一首诗中提出了这样一个问题："告诉我，爱情生长在什么地方？是在脑海，还是在心房？它是怎样发生？它又是怎样成长？"这是每个人在成长过程中都会遇到的问题，可能也是同学们想知道的。当我们遇到疑惑时，我们却不敢向自己的父母发问，而有一个十四岁的小姑娘向她的父亲提出了这个问题，而她的父亲在一封信中给了她一个诗意的回答，同学们想不想知道小姑娘的父亲是如何回答的？好，今天我们就来学习著名的教育家苏霍姆林斯基的这封《致女儿的信》。

这位老师抓住了青少年对爱情的好奇心和对名人的崇拜心理，紧紧扣住了学生的心弦，引起了学生学习课文的浓厚兴趣。

4. 案例式导课

案例式导课就是采用寓意深刻的描述，把抽象的内容以浅显的形式引出来。案例要目的明确、引人思考，不能使学生的思考局限于案例本身。有位老师在讲八年级《道德与法治》下册"财产属于谁"一节内容时，就采用了案例导入的方法，案例如下。

出租车司机李某应旅客王某的要求将其送往火车站。王某下车时不小心将钱包丢在了出租车上。李某发现后，打开一看，内有 5 000 元现金。此时，他正好从收音机里得知某大学的学生因患白血病而向社会求助。李某产生了将这笔意外之财捐给患病的学生的想法，于是就将拾到的 5 000 元现金寄给了这位大学生。你怎么评价出租车司机的行为？

这个教学案例能够较好地帮助学生理解财产所有权，同时又培养了学生的道德素养，可谓一举两得。

5. 情景式导课

情景式导课就是教师在导课时创设一定的情境，让学生置身于特定的情境中，进入到新课上来的过程。情境一定要精当，真切感人，能够触动学生的心灵深处，启发他们的想象。比如，一位中学地理老师在讲世界地理中南非这个国家时，给学生描述了一个情景。她先让同学们闭上眼睛聆听她生动的描述：

我们全班学生快乐地从青岛登上“五月花号”游轮，一路欢呼南下，经过浩瀚的东海、黄海，抵达菲律宾，穿过美丽的马来西亚群岛，西行驶入印度洋，经过三天的航行，来到一个名叫马达加斯加的小岛（世界第四大岛）。在这里逗留一天，看到了火山和岛上顽皮的狐猴。第二天继续向西南方向航行，不觉间，眼前突然呈现出一片大陆。好了同学们，我们到了，就在好望角登陆吧，让我们一同来考察一下这个迷人的国度——南非。

老师这番绘声绘色的描述，一改往日的枯燥和无聊，就像导游一样，给学生创造出一个美丽的情景。

6. 演练式导课

演练包括演示和练习。在需要直观教学的课堂上，教师可通过展示挂图、实物、标本、模型、视频等，让学生观察，把学生的注意力导入新课。需要注意的是，直观演练须与语言讲授相结合，效果才能较为理想。比如，生物课上，教师可以展示草履虫、蝗虫等代表性动物的模型，也可以展示鲫鱼、青蛙等实物，让学生观察学习；在体育课上，老师可以让学生练习之前学过的动作等，都是非常好的导课方式。

7. 艺术性导课

教学不仅是一门技术，更是一门艺术。教师的教学艺术主要体现在说学逗唱方面，就是根据教学内容的特点和需要，使用各种艺术手段导入新课，说一段顺口溜、高歌一曲、讲一个幽默风趣的笑话等，从而增强教学的趣味性，引发学生的学习兴趣。

8. 释题式导课

释题式导课是教师通过具体分析、解释课题词语，引发题意，调动学生学习的积极性，为进入新课作铺垫的方式。比如课文《变色龙》，题目本身有寓意，比较适合采用这种方法导入。

9. 机变式导课

机变就是随机应变，往往体现出教师的教学机制。主要指在课堂教学中突然发生或出现了相关事件或情景，教师能巧妙利用，调动学生学习新课的主动性和积极性。有位教师给高一的一个班上语文观摩课，时间是刚上完一节体育课后的第四节，预备铃响过，教室里仍是一片混乱。上课铃响了，这位老师走上讲台，学生们仍在打闹，怎么办呢？

这位教师略一思忖，突然大声一喊："同学们！"略一停顿，一字一句地说："今天早晨，电视广播了一条极其悲惨的新闻！"学生们齐声回应："啊，什么悲惨新闻？"老师用低沉的声音回答说："山西有一个煤矿发生瓦斯爆炸，有几十个工人被困井底，生死未卜……"接下来一个较长的停顿。学生们这时都注意着教师，急于想知道详情，课堂里顿时鸦雀无声。接着老师说："人们正在组织救援。情况与我们今天要上的课有些类似。"老师略停一下，然后说："请同学们把课本翻到第 103 页，今天我们学习《为了六十一个阶级兄弟》"，而后板书课题。

一场混乱霎时平息，并且营造出了十分符合教学内容的课堂气氛，讲课取得了良好效果。

10. 静默式导课

静默式导课就是在上课前，先让学生闭上双目，深呼吸，进入静默状态，放松心情，消除紧张情绪，以平和愉快的心境迎接新课。

上面总结介绍了 10 种导课方式，但并没有穷尽，需要教师在今后的教学实践中不断创新和丰富拓展。

二、语言技能

语言是教师上课时应用最多的工具，无论什么类型的课堂教学，也无论什么教学结构，都离不开语言的使用。因此，语言技能是教师必备、必须过关的上课技能，语言技能的形成和掌握是一个过程，是教师一生的"必修课"。语言可以分为口语和书面语，也可以分为有声语言与无声语言（身势语），书面语言主要指课堂板书。本部分分口语技能、身势语言技能和板书技能三个方面进行论述。

（一）口语技能

口语是教师上课运用最多的有声语言，这里主要介绍讲授语言技能和提问技能。

1. 讲授语言技能

讲授语言是最古老、最普遍的教学语言。教师的讲授语言能力直接影响着教学质量。讲授技能的特点有以下三点。

（1）教育性。教书育人是教师的天职，教师的语言必须有教育性。主要体现为使用文明、健康的语言，不能随意性太强，更不能说脏话、粗话、大话、假话。不得使用侮辱、歧视、嘲讽甚至粗暴的语言，做到情真意切、真挚动人，具有较强的感染力和激励性。

（2）科学性。科学性是指教师的语言必须符合教学内容的学科性质和特点，专业术语表达要准确、正确、全面、严谨，语言要具有规范性、层次性、逻辑性。每句话都应是经过慎重考虑的，做到言之有理、持之有故，不得夸大其词甚至歪曲捏造事实。

（3）启发性。启发性是指教学语言应当耐人寻味、发人深省，富有启迪学生思维的功能。判断语言是否具有启发性，主要看语言能否引起学生积极深入的思考，做到举一反三，弦外有音，循循善诱，具有启发性。

2. 提问技能

为了有效提高教学效果，教师经常使用提问的方法来组织教学活动。因此，提问就成为教学活动的重要组成部分。提问水平的高低直接影响着教学质量的高低。

（1）提问的基本要求

①提问的态度要端正。不能借提问刁难、惩罚、讽刺、挖苦、伤害学生，应以尊重学生为前提，和学生们在和谐、融洽的氛围中共同思考问题。

②提问的目的要明确。提问的目的可以是检查学生的学习效果，也可以是激励学生参与教学。调动学生用已学知识来解决新问题等。那种目标不明确、盲目提问缺乏应有的教学意义。

③提问应具有针对性。提问的时间、对象、方式、次数都要认真设计。

提问时应注意不同年级、不同程度的学生。对低年级学生或后进生提的问题不能太复杂；对中等年级的学生或中等生提的问题思考性要强一点；对高年级的学生或优秀生可以提一些启发性较强的问题，提问需要讲究方法、技术和策略。

④问题要有启发性。《礼记·学记》云："君子之教，喻也。道而弗牵，强而弗抑，开而弗达。"这说明教师设计的问题要侧重质量，讲究艺术性，达到举一反三、启迪学生思考的目的。

（2）提问的类型

①根据提问的水平，由低到高可分为：记忆性的提问、理解性的提问、应用性的提问、分析性的提问、综合性的提问、评价性的提问。

②根据提问的信息交流形式，可分为：特指式提问、泛指式提问、重复式提问、反诘式提问、自答式提问。

③根据教学提问的内部结构，可分为：总分式提问、台阶式提问、连环式提问、插入式提问。

④根据提问的具体方式，可分为：直问和曲问、正问和逆问、单问和复问、快问和慢问。

（3）提问的策略

教学提问在上课时经常发生，但是教师提问还存在不少问题，如问题过于简单、针对性不强等。提问是一门学问，需要认真设计，好好总结。

①问题要做好分类。教学过程中，根据教学内容可能会设计许多问题，这些问题一定要主次分明、深浅有度、有机结合。既要设计教学结构和方向的关键问题，也要设计较高水平的问题，还要根据学生的回答准备一些随机性的问题。

②问题表述要清楚明了。即教师要清楚、详细而精确地表述问题。如"我们上次学了什么？"或"那篇课文主要讲了什么？"等等。因此，教师要提有具体指向的问题，如上面两个问题不妨这样提问："我们上次学的课文是哪部名著的节选？""那篇课文的中心思想是什么？"总之，清楚地表述所提问题，能提高正确回答的可能性。

③问题要因人而异。所提问题要适合不同层次的学生。在学生基础不齐的班级里，要针对不同的学生设计难度不同的问题，调动不同学生积极性。

④问题之间要具有逻辑性。教师可以从小到大、从具体到抽象、由浅入深、循序渐进地提问，避免问题之间互不相关，缺乏内在联系。

⑤问题提出后要给学生思考时间。提问以后，要根据问题的难度给学生几秒甚至几十秒不等的时间思考。如果让学生马上回答问题，可能会明显地降低回答的正确率。

⑥问题尽可能面向全体学生。特殊情况下，教师设计的问题是针对个别学生的，如作业中出现较多错误的学生或某个知识点掌握不好的学生。一般情况下，教师所设计的问题都是针对全体学生的，目的是要大多数学生都参与到学习活动中去，这也是实施素质教育的内在要求。

除了教师设计和提出问题外，教师还要鼓励学生积极提出问题，这样才符合师生互动的要求。如果只有教师单方面、单向度提问题，那么只能解决教师自认为应知应会的教学内容，而学生掌握知识的情况，教师就不能全然了解。因此，教师要学会换位思考，要给学生提问题的空间和机会，这样才能最大程度上做到教学和谐，从而提高教学效率。

（二）身势语言技能

身势语言技能是教师在教学中运用体态、手势、表情、眼神等非言语因素进行的教学表达活动。

1. 身势语言表达的教学功能

（1）传递信息

早在20世纪，国外就有人对言语的、声音的和面部的三种信息传递形式进行研究，发现在传递信息的形式中，言语信号占7%，声音信号占38%，面部信号占55%[①]。还有人在一系列研究之后推断，在绝大多数情况下，语言交流仅仅表达了我们思想的很少部分——30%—35%左右[②]。因此，在教学中，利用身势语可以加深对学生各种感官的刺激，收到理想的教学效果。

（2）美化形象

问卷调查表明，88%的学生要求教师在上课时注意身体姿势和手势表达

① 李如密．试论教师的非语言表达艺术[J]. 山东教育科研，1988（3）：21-26.

② 刘守旗．试论非言语沟通与青年思想教育[J]. 沈阳师范学院学报（社科版），1995（2）：93-96.

的准确度和合理性[①]。说明身势语对学生的影响非常大，是影响教学效果的重要因素。因此，教师要保持良好的身势语，获得学生的内心认同。

（3）增强交流

身势语有时会达到有声语言所达不到的效果，如我们平常所说的“无声胜有声”“只可意会不可言传”等。有的教师语言犀利、语速快，上课说话像“机枪”一样，反而会引起学生的听觉疲劳甚至内心反感，这样就影响了师生交流的效果。也有的老师话语不多，笑容满面，讲课多用身势语来表示不同概念的意思，学生反而很感兴趣，也听得懂。如外籍教师给中学生上英语课要比很多国内英语老师上课效果好，除了发音纯正外，关键是外教不会汉语，很多学生不知词义的单词，外教会用各种身势语来比划，这种交流超越了民族文化界限，给学生以直观、生动的感受。

2. 几种常用的身势语言表达方式

（1）面部表情语言

在交流过程中，人们的脸部表情起着重要的作用。面部的表情比嘴里讲的复杂千百倍。教师拉长脸，板着面孔，学生就会感觉压抑、恐慌，似有“乌云压城”之感。教师若面带笑容，学生就会感觉放松、愉快，就会“这边风景独好”。在学生的心里，教师的表情是影响学生心情的“晴雨表”，教师是撒播真善美的使者，教师温和可亲的面部笑容有神奇的育人价值，可以给人以力量，可以唤起学生对美的追求。一般来说，面部表情要做到如下几点：首先要自然大方，不造作；其次是温和适度；最后是自信和善。

（2）眼神语言

眼睛是心灵的窗户，能表达出许多语言不易表达的复杂而微妙的信息和情感。在教学活动中，教师运用眼神的方法大体有三种：第一种是环视法。它又称扫视法，即教师的视线有节奏地前后左右移动，把学生尽收眼底。这种方法一般用在组织课堂教学或讲重点内容前，通过环视，起到引起学生注意的作用。第二种是点视法。主要是将目光投射于某个目标。这种方法常常用在上课不遵守纪律的学生身上，以示制止。若发现有病容倦怠的学生或需要出去的学生，可以用眼神示意其休息和外出。此外，在学生回答问题时，

① 翟志华 . 教师教态对课堂教学效果的影响 [J]. 教学与管理，2005（27）：41-42.

教师可用信任的眼神点视，以示期待和鼓励。第三种是虚视法。虚视就是视而不见，但有被视的感觉，有经验的教师上课经常采用虚视法，视线飘落在教室中间两排座位上，再适当辅之以环视，这样前后所有的学生都会觉得老师在看着自己，从而达到维护正常教学秩序的目的。

（3）体态语言

体态由体动和姿态组成。体动指身体的动作，姿态是身体的造型。表达思想感情的体态主要包括头语、身姿和手势三种。良好的体态语言，是教师精神状态和个人魅力、品质的展现，教师应多注意使用自己的体态语言。在教学实践中体态语言应具体注意如下几点要求。

第一，头语亲切明快。头语主要用点头、摇头等动作来表示肯定、赞许和否定的意思。当学生课上表现好的时候，教师可以用点头予以肯定；表现不好时，教师则可以轻轻地摇一下头，表示否定。这样往往比有声语言更能简洁明快地表达教师的意图。

第二，手势准确协调。手势主要通过手臂和手的调动抒发情感。在教学中大体有几类意思：一是表示指向。主要用手来指示具体对象，可以指人也可以指物。比如，教师想让某个同学回答问题，或一时叫不上名字的时候，就会用手指向该生，示意该生回答自己的问题。在指人的时候，教师切忌用一两根手指，最好五指并拢伸展。二是抒发情感。当教师的讲解到了高潮的时候，往往就会用手势表现出来，放在胸前表示衷心、爱心，伸在前上方一侧表示激励和信心，手舞足蹈表示欢快热烈的情感等。语言和手势要协调统一，不能嘴里说肯定，手语表示否定；三是表示态度。师生互动交流时，教师可以用不同的手势表示肯定、否定等意思。当对学生的回答满意时，可用点赞的手势。当学生的想法离谱时，可摆摆手表示不赞同。当学生表现好的时候，可以用手拍拍他的肩膀，表示鼓励和欣赏。当师生配合得非常默契顺畅时，教师可以与学生握手表示感谢和祝贺等。尽管手势表情达意的方式很多，但在教学中，手势要少而精，不能滥用，否则会使学生眼花缭乱，效果可能适得其反。

第三，身姿端庄和谐。身姿主要有站姿与步姿两种。关于站姿，一是矜持感。教师应尽量取正面姿态面向全体学生，这样不但可以体现教师端庄的风度，也能时时保持与学生心理联系的空间势态。二是力度感。教师站立时要微微收腹，胸部要挺起，下肢要微微分开，这样才显得自然、富有力量。关于步姿，步姿要求和谐有生气。教师在走进课堂时要始终保持生气勃勃的步姿，显示出教育者的一种朝气，从而给学生以孜孜不倦的力量和气宇轩昂的美感。教师在课堂里的步姿要注意与教学内容以及课堂气氛的和谐。

（三）板书技能

教学板书，是在教学过程中，教师根据教学需要在黑板或白板上以文字、符号或图示来传递教学信息的一种语言。一般有板书、板演、板画三种形式[①]。

1. 板书的原则

（1）直观形象

直观形象就是指教学板书必须借助一些直观形象的文字、符号、图表等形式将抽象的、复杂的教学内容直接诉诸学生的视觉，丰富学生的课堂感知。如有位教师在教学《背影》时的板书就充分体现了这一原则。他围绕着本课的总领句“我最不能忘记的是他（父亲）的背影”，边讲边画出如图 2-1 所示的一个板书。

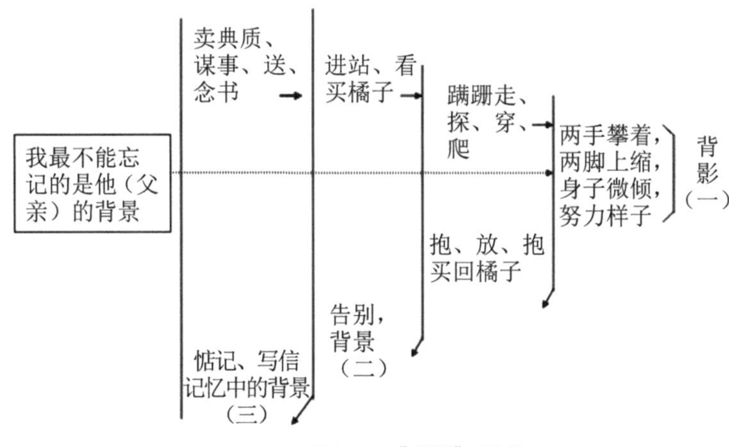

图 2-1 《背影》板书

（2）简洁明了

要求教师在吃透教材的基础上，化繁为简，以简驭繁，让学生从最精简

① 杨晓君 . 中学语文教学中的板书设计摭谈 [J]. 新课程研究，2008（5）：44-45.

的板书中把握教学内容的本质联系。如一位教师对《春》一文的板书设计如图 2-2 所示。

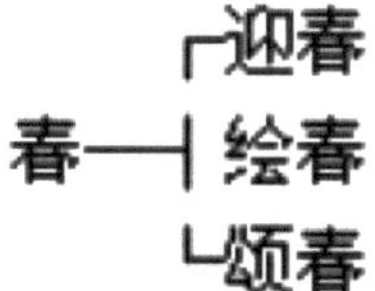

图 2-2 《春》板书

整个板书仅用七个字，便把朱自清的散文《春》的全部内容恰当地概括了出来，突出了文章主旨“春”。

（3）启发性

要求教师设计板书时做到语精字妙、富于启迪，让学生能够从中品出一些“味儿”来。如在教《渔夫和金鱼的故事》一课时，可以设计富有启发性的板书，如图 2-3 所示。

贪→	贪→	贪→	贪→	贪	结果
要	要	要	要	要	还
木	木	当	当	当	是
盆	房	贵	女	女	破
		妇	皇	霸	木
				王	盆

图 2-3 《渔夫和金鱼的故事》板书

在这一板书上，上面是箭头连接从小到大的五个“贪”字，下面相对是从小到大的五个要求，这很能启发学生去思考渔夫妻子那贪得无厌的性格，而竖线右边的结果和左边的内容相对照，又能启发学生自然而然地得出贪得无厌没有好下场的课文主题。

（4）趣味性

要求教师在设计运用板书时，力求新颖别致、巧妙有趣，引起学生强烈的学习兴趣，吸引其注意力，调动其思维的积极性。如教师在讲到《变色龙》的故事结局时，说：“对，狗走了，人笑了。”并顺手板书“狗走”二字。看似漫不经心的“闲笔”，待到分析课文主人公的变色龙本质时，教师随手又在“狗走”上面打个换位符号，变成了“走狗”，一下子引起学生会心的微笑。

（5）审美感

教学板书应像一个完整的艺术品，能给人以美感。如教师在教学课文《大海的歌》第一段时，作者看到了“蓝天，白云，碧绿的海，正在东方升起的朝阳”。教师板书时便是有意先用蓝粉笔写“天”，用白粉笔写“云”，用绿粉笔写“海”，用红粉笔写“朝阳”，整个板书色彩绚丽，别具一番情趣。

（6）规范化

要求教师在板书时，必须注意字形字迹、书写笔顺、演算步骤、解题方法、制图技巧、习惯动作与语言等的规范化，以免给学生造成不良影响。

2. 教学板书的类型

（1）根据教学板书的地位和性质，可分为基本板书和辅助板书。基本板书主要用来体现教学目的与教学内容的内在联系的重点、难点、中心和关键，表现教学中心内容的基本事实、基本思想，反映教学内容的结构及其表现形式。辅助板书主要用来反映教学内容中有关字音、词义和例句，提示有关零散知识，对基本板书进行适当的补充或辅助，具有随机性。

（2）根据教学板书的主体，可分为主导型板书、主体型板书和合作型板书。主导型板书主要以教师为主；主体型板书主要以学生为主，在黑板上或写或画；合作型板书则是师生合作进行板书。

（3）根据教学板书的时间和作用，可分为课前预习用板书、课中讨论用板书和课后总结用板书。

（4）根据教学板书的形成和呈现方式，可分为静态示现板书、动态渐成板书。

（5）根据教学板书的具体表现形式，可分为关键词语式、逻辑要点式、结构造型式、表图示意式四种类型。关键词语式板书是指教师在教学中选择或总结出与教学内容含有内在联系的关键性的词语构成的板书。这种板书简便易行，能起到画龙点睛的作用。如讲授鲁迅名篇《故乡》一课时，板书可以设计为：用一个大大的“变”字，外加强调性的粗圆圈（如图 2-4 所示）。逻辑要点式板书是教师按照教学内容的内在逻辑关系概括出文字要点，依次排列构成的板书。这种板书提纲挈领、系统完整、层次分明，为教师经常使用。结构造型式板书是教师将教学内容概括、提炼、加工、组合成一定的结构造型的板书。特点是造型优美，直观形象，很受学生欢迎，如一位教师讲授《塞翁失马》的板书（如图 2-5 所示），板书两边的正方形空格很容易引起学生探究和思考，课文学完后，在两个空格处分别填上“福”“祸”两个字，就能将福祸相依的关系表现得淋漓尽致。表图示意式板书是教师为准确反映教学内容的概念或关系，而以表图为手段设计的板书。如有位教师在讲解课文《黄继光》中的战争、战斗、战役几个概念的关系时就用了这种方式的板书（如图 2-6 所示）。

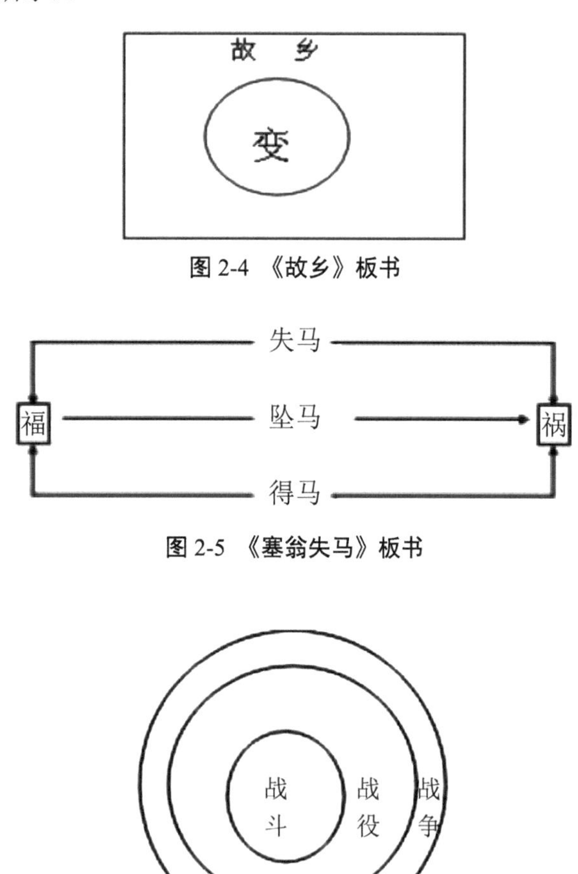

图 2-4 《故乡》板书

图 2-5 《塞翁失马》板书

图 2-6 《黄继光》板书

尽管现在许多中小学校都用上了多媒体教学手段，很多老师，尤其是年轻教师已经不再甚至不会使用板书了，但我们认为，多媒体教学也有其弊端和不足，如教学内容展示过快，学生笔记跟不上，或笔记记完了，老师也讲完了，学生没有真正理解教学内容。再就是造成许多教师过度依赖多媒体教学手段，一旦使用条件不足，就显得不知所措。建议年轻教师一定要精心设计板书，设计板书也是一种创造性劳动，况且板书设计也是对授课内容的形象化、条理化、熟悉化的梳理过程。

三、结课技能

结课是上课的最后一个环节，这个环节的目的是总结巩固当堂课的知识，并为下一次课奠定基础。作为教师，要想方设法在结尾的时候给学生留下一个深刻的印象，做到善始善终。

（一）结课原则

1. 首尾呼应

指课的结束应当与课的开始相呼应，不能离题太远、不着边际。

2. 留有余味，引发学生思考

在一堂课结束时，教师应注意语言的含蓄，不能把话说得太满、太绝，适当给学生留些思考的空间，使学生感到“课虽尽，趣尚浓”。

3. 干净利索，适可而止

要求教师恰当地把握结课时间，及时、有效地结束教学。既不能把结课时间拖得太长，也不宜匆匆忙忙、随随便便地结束①。

（二）结课的形式与方法

1. 自然式结课

这种结课，是在下课铃响时自然结束课程。这种结课方式要求教师的时间安排非常准确，就像播音员一样，每分钟固定播多少个字。一般教师很难做到，其实也没有必要做到分秒不差，留个几分钟，让学生整理下笔记、问

① 李如蜜．教学的导果和结课艺术 [J]. 山东教育，1994（12）：14-15.

个问题，也是不错的方式。否则可能会太机械，给教师带来很大压力。

2. 总结式结课

即用准确简练的语言把整个课的主要内容加以总结概括、归纳，给学生以系统、完整的印象，促使学生加深对所学知识的理解和记忆，培养其综合概括能力。这是一种比较常用的结课方式。要求教师课前认真备课，总结时不要简单重复授课内容，要有所提炼、有所创新，起到画龙点睛的作用为好。如上述《塞翁失马》板书中，教师在讲完课文后，总结出“福”“祸”两个字，并简单分析两者之间的关系，这就是成功的总结式结课的典型案例。

3. 悬念式结课

这是小说中经常采用的方式，欲知后事如何，且听下回分解。因此，教师在结课的时候，用设置悬念的方法，给学生留下一个有待探索的问题，使学生急切地等着下一节课。这种结课方式很好地把上、下两节课联系起来，为上好下一节课作好了铺垫。悬念式结课应用的前提是这节课内容讲解生动有趣，能引起学生学习兴趣。

4. 检查巩固式结课

一节课讲完了，学生掌握得怎么样，教师心里往往是拿不准的。这就可以通过提问或测验的方式，来检查学生的学习情况。比如，老师每讲完一个数学公式和例题，就应该给学生布置一些课堂练习，并进行抽查。事实证明，必要的练习和抽查是非常符合学习规律的，能确保课堂教学效果。

5. 激情式结课

如果说在一篇课文讲完后，教师的语言平淡无味，势必效果不好。因此，教师以充满激情、意味深长的话语寄厚望于学生，打动学生的心扉，给学生一个深刻的印象，就是很好的选择。比如，浙江省特级教师王崧舟在执教《我的战友邱少云》一课时，运用激励式的语言营造情感高潮。在课的最后他展示了刻在 391 高地上的纪念碑文，让同学们朗读了两遍后，深情地说道：“同学们！有了这种精神的军队是伟大而不可战胜的，有了这种精神的民族是伟大而不可战胜的，老师相信，这句碑文，一定会世代相传，这种精神，一定会永放光彩！”[①] 这种激励性的语言，深深地感染了在场的每一位同学，从而让爱国主义情感在每个学生心头油然而生。

6. 迁移式结课

教是为了不教，在结课的时候，教师应注意把课堂教学和学生的课外学习结合起来，将课堂上的内容延伸到课外，激发学生课外学习和探索的兴趣。

7. 游戏式结课

指在结课的时候，为了使结课生动活泼，增强教学效果，根据教学内容和学生特点设计一些游戏来检验和巩固所学知识。有一位小学数学教师在讲完“约数倍数”这一单元，进行巩固练习时，采用了游戏式的结尾。即让学生根据自己的学号和老师的提示分批离开教室：“学号是 2 的倍数的同学先请。”“学号是 3 的倍数的同学可以走了。”“请学号是质数的同学出去吧。”（其实他们都没走远，还在窗口看着呢）“……最后留下学号是 1 的同学，请说一句与自己学号有关的话。”学生说：“1 既不是质数，也不是合数。”同学们都很投入。学生都离开教室时，课也就结束了。其实这样的结束也是一种高潮，达到了课结束、趣犹存的良好效果。

结课方式多种多样，以上 7 种方式只是列举，并没有穷尽，希望广大教师在教学实践中多总结、多揣摩，一定会有更有趣、更有效的结课方式出现。

① 叶刚 . 名师结课案例二则点评 [J]. 小学教学研究，2004（11）：16.

第三章　作业布置批改与辅导答疑

前面两章学习了如何备课、上课，由于作业布置与批改、辅导与答疑两个环节都是在课后进行，故本章将这两个教学环节放在一起学习。

第一节　作业布置与批改

说起作业，“成堆成山的题海练习”会浮现在许多人的脑海，作业成了无数人的学业之痛，成了加重中小学生学业负担的代名词。其实，从科学的理论上对这些问题进行思考，作业的重要性一点也不亚于备课与上课，在学生教学质量的提高中占据非常重要的地位。因此，提高思想认识、合理布置作业、有效批改作业，是提高教学质量的有效手段。

一、作业的含义与意义

（一）含义

在教学工作中，布置、检查与批改作业是教师必须做的一项常规工作。学生作业是学科教学的延续和补充，是对单位时间内所学知识的复习和巩固，是教师用来检查教学效果、指导学生的教学手段之一。《教育大辞典》将作业定义为：作业的目的一般在于巩固、加强和完善学生对所学知识的理解，以及对所学技能技巧的理解；培养、增强和提高学生的独立学习能力和学习习惯等。同时，有助于教师从中发现学生认知方面的缺陷，并作必要的纠正①。可见，作业环节对于教学工作来说非常重要。

（二）意义

1. 对教师而言，作业是检查教学效果的重要手段之一

通过给学生布置课下作业，在批改作业过程中可以了解学生对所学知识的理解和掌握情况，检查和发现其中存在的普遍问题，便于改进和提升课堂教学。

2. 对学生而言，作业是掌握知识技能、提高思想认识的重要手段之一

作业是巩固学科知识技能的手段，是以各种问题的方式呈现的题目，通过作业可以提高学生分析问题、解决问题的能力，好的作业还可以提高学生创造性解决问题的能力。

3. 对家长而言，作业是判断孩子学习状态的“晴雨表”

家长可以通过孩子做平时作业的认真程度、快慢程度、对错程度等了解孩子的学习状态，从而帮助孩子提高学习的针对性。

4. 对学校而言，作业是学校提高教育教学质量的有效手段

学校如果能够对各年级各科作业整体把关，控制好作业数量和质量，并定期开展作业检查和评比，可以发现师生在作业中存在的问题，通过改进，就很可能在很大程度上提高教学质量。

二、作业布置要求

（一）针对性

布置作业，首先，要考虑当节课的教学目标，避免布置与教学目标关系不大的作业；其次，作业布置要针对教学重、难点，作业要力求覆盖重难点，不宜有超前或滞后甚至是无关的知识内容；再次，作业题要有代表性，避免重复过多，做无用功。教师应结合课堂所讲内容精心筛选，尽量布置有质量的作业。

案例：某高校有位姓李的教师，其孩子从小做作业都要经过家长过滤，

① 顾明远．教育大辞典 [M]. 上海：上海教育出版社，1999.

重复的不做，没有代表性的作业少做，给孩子留出更多发展空间。结果，孩子的成绩在中学一路领先，顺利考入美国知名大学深造。

（二）少而精

这是对作业数量与质量的要求。机械重复的练习只会让学生对学习感到厌烦，根本达不到提高能力的效果。尤其是低年级学生，注意力集中的时间有限，作业要少而精，要提高习题的质量。这样不仅可以达到预期的效果，而且也让学生愿学、乐学。

（三）层次性

作业的层次性主要是针对学生的程度而言。它的总要求是：要让优等生“吃得好”，中等生“吃得饱”，更要让后进生“吃得消”。作业是面对全体学生的，需多角度考虑问题。学生的学业水平存在差异，这是符合群体规律的。因此，作业的布置应该面向全体学生，面向全体学生的不同层面。这种有梯度的设计，不是忽略、歧视学生，而是对学生学业成绩的负责，对学生的人文关怀与尊重。比如，对优秀生，除了书本上的作业外可以为其布置一些拓展性作业；对中等生，作业能覆盖教学目标和重难点即可；对后进生，教师可以对书本上较难的作业进行条件简化或作解题提示，再布置给他们。

（四）多样性

这是从作业的种类上而言的。作业类型应是多样的，可以是口头性的作业（如朗读、背诵、复述等），也可以是书面性的作业（如演算习题、作文、绘制图表等），还可以是实践性的作业（如实验、测量、社会调查等）。针对不同阶段、不同年级的孩子，应该布置适合他们年龄特征的作业种类。低年级段，针对孩子形象思维占优势、活泼好动的特点，以口头的和实践性作业为主；对于初中生，针对形象思维向抽象思维过渡并逐渐占据优势的特点，可以由实践性作业逐步向书面作业过渡；对于高中生，抽象逻辑思维占据优势，可以书面性作业为主。

作业分类延展：天津南开区特级教师勒家彦的8种作业类型[①]。

1. 巩固性作业。如抄写字词，背诵、默写课文等。以巩固的最佳值的练习次数为依据，不搞“遍数越多越巩固”的错误做法。实践证明：抄写生字5—7遍，与抄写20遍的巩固率几乎相等。

2. 思考性作业。不需要笔答，可以分散在预习与练习中，课堂教学时还可以进一步启发诱导。

3. 比较性作业。把正确与不正确的几种答案都给学生，由学生选择、判断，在比较中掌握知识，形成能力。

4. 归纳性作业。如概括段意，词语、句子归类，主要在课上边学习边总结，注意掌握知识规律。

5. 创造性作业。如造句、写片段、小作文等项内容。要加强课上指导，使学生明确范围、内容与要求，课上保证充足的练习与思考时间，少部分留为家庭作业。

6. 口头性作业。读、说、讲、述的内容，不升格为书面作业。

7. 实践性作业。学生亲自动手，从实践中获取真知。

8. 综合性作业。把几种训练内容综合在一起，培养学生运用语言文字的综合能力。

（五）开放性

开放性主要是从作业的范围角度而言的。开放性意味着不仅仅局限于课本上的作业，往往可以从理论走向实践、走向应用、走向生活。如我们可以有意识地布置一些学生感兴趣，与学生的学习、生活密切相关的作业，要求他们多角度、多因果、多方位、多渠道地解决问题，这样就可以达到调动学生追求成功的潜在动机、培养学生创新能力的效果。

案例：在学习了长方形、正方形的面积后，有位教师布置了这样的作业：要同学们给教室里两扇向阳的窗户做窗帘，每扇窗户高2米，宽1米，至少需要买多少布？在作业交流时，学生很快解答如下：2×1×2=4（平方米）。这时一位学生提出：这样买布太少，会遮不住太阳，应多买些。自由讨论后，

① 王立辉．苏教版高中语文教科书（必修）作业系统的实施现状及其改进策略研究[D]. 南京：南京师范大学，2008：1-2.

有一部分学生认为：为了便于拉开和关闭，还需把窗帘做成两幅，两幅之间要重叠一定的宽度。有的学生认为：市场上卖的布宽度和窗户宽度不一定一致，还需要根据布幅的宽度和窗户的宽度进行计算，才能确定应买布的长度。还有的学生说：质量好的布要尽量精确些，质量差些的可以适当放长些，这也充分考虑了使用者的经济条件①。

注重课堂练习和作业布置的开放性，能让学生展开想象和创新的翅膀，把知识的实际应用价值揭示出来，既能调动学生学习知识的积极性，又培养了学生的创新意识和实践能力，知识运用也更灵活、更有创意。

（六）及时性

这是针对作业布置的时机而言的。根据心理学家艾宾浩斯的遗忘曲线规律，教师要及时布置作业，因为作业是巩固和应用新知识的有效手段，可以让学生通过及时做作业，帮助他们强化学习学过的新知识，起到巩固新知识、活用新教材的目的。因此，教师在布置作业时要说明收作业的具体时间和收取方式。

三、作业批改类型与要求

（一）批改类型

1. 从批改数量上，可以分为全批全改、半批半改、抽查批改

全批全改适合于班容量较小，非常重要的作业；半批半改、抽查批改则适合班级容量过大，或者教师想专门考查部分学生知识点掌握情况时使用。

2. 根据批阅的细致程度，可以分为精批细改、重点批改、粗略批改

精批细改要求教师认真仔细深入地批改作业，甚至不放过一个步骤、标点或符号；重点批改是针对易错的作业题目或直接与教学重点相关的作业进行的有侧重的批阅；粗略批改与精批细改相对，对于高年级学生的检查性的作业比较适用，如查阅课堂笔记等。

---

① 张俊艳 . 开放式教学方法探微 [J]. 课程教材教学研究（小教研究），2007（5/6）：46-47.

3. 根据批改的主体不同，可以分为教师面批面改、学生互批互改和家校共同批改

面批面改比较适用于学习有困难的学生。对一些重点、难点和疑点较多的练习，尽量面批，将这部分学生集中起来当面指出错误，为学生进行对照比较、释疑解惑，以加深其对问题的理解。学生互批互改，主要是学生之间进行相互批阅，可以是优秀生批阅，也可以是同桌之间互相批阅，还可以把不同水平的学生安排成前后两桌，每四人组成一个小组，由教师提供参考答案，小组内互相批改，并向老师或小组汇报典型范例及错题情况。这种情况往往适合于非新知识的复习性质的作业或作文、作品互评。家校共同批改往往是家长担负孩子作业的监管责任，教师负责作业的质量。但是，那种由家长来代批代改作业的行为是错误的，一定要禁止。

（二）批改要求

1. 用心批阅

教师要认真对待学生作业，批改要认真仔细，防止批阅错误。比如将对的批阅错误，或将错误的作业批阅正确。

2. 用脑批阅

现实中，有很多教师没有注意批改作业的益处，只是例行公事。有些教师非常重视学生作业的批改，往往会准备一个作业批阅记录本，每次作业批改都进行记录和分析。如记录下学生交作业的人数，哪些学生没有交，并弄清原因。作业是否认真、工整。哪些学生在哪些知识点上出错，存在的普遍问题是什么，个别问题是什么，进行分类归纳总结。然后在课堂上有针对性地面向全体学生或个别学生进行讲解，直到学生理解、掌握为止。这样教师批改作业的过程真正体现了作业的目的和价值。

3. 用情批阅

教师批阅作业其实是在与学生进行书面对话，也是教育学生的过程，批阅不要简单化、流于形式，更不要只象征性地打对勾或打叉，但也不要什么批阅痕迹都不留下，或简单给个优、良、中、差了事。教师批阅作业应该有发自内心的批语。批语要以发现某个闪光点为要，不要笼统写好或差，更不要写过火的话。

四、作业注意事项

（一）避免机械重复作业太多，注重学生思维参与

长期以来，人们往往把作业的功能定位于“知识的巩固”和“技能的强化”，忽略了作业应培养学生多种能力的发展性功能。教师布置作业总是本着面面俱到、多多益善的原则，认为学生做得越多，记得越牢，将来学生的能力也越高，忽视对习题的精心设计，忽视习题中的思维价值。这种做法一点一滴耗干了学生的灵活性、创造性和纯真的情怀。

（二）避免硬性统一作业太多，扩大学生选择性

布置作业历来有个传统，即统一一致。教育规律告诉我们：学生之间存在着个体差异。有差异的学生做无差异的作业，势必会造成有的学生“吃不饱”、有的学生“吃不了”的现象。因此，建议作业布置要因人而异，当然也可以提供作业菜单，让不同的学生根据自己的水平选择性做作业，这不失为一个值得尝试且非常人性的做法。

（三）避免封闭性作业太多，提倡生活内容融入

以往的作业围绕书本做文章，一方面作业中存在着与实际生活脱离的问题，另一方面学生完成作业也不需要深入生活，从概念到概念，从公式到公式，从推理到推理，这样，学生长期局限于书本提供的情境中，一旦要解决与实际生活联系比较紧密的问题，就显得力不从心。久而久之，学生就会对学习价值产生疑惑，对练习和作业产生反感，最终动摇学生学习的信心和决心[①]。

（四）避免批改作业走过场，作业即育人活动

如果说上面三个问题主要涉及作业布置方面的话，那么作业批改中最应该注意的是教师对作业批改不重视、认识不到位的问题。作业也是育人的活动，通过作业不仅可以让学生巩固新知识，提高新技能，更重要的是可以锻

① 黄美蓉．让课程改革点击作业的布置与批发 [J]. 现代中小学教育，2003（7）：36-38.

炼学生守时守信的良好品质，克服困难的顽强心理素质。20 世纪初发端于美国，盛行于世界的“道尔顿制”，尽管由于条件要求高等原因最终失败，但是，其重视通过学生自定计划、主动完成作业的方式，发展学生的个性的做法还是值得称道的。教师批改作业，不仅能发现学生学习知识存在的不足，更重要的是要分析其原因，促进其改进，这其实也是促进学生发展的过程。

第二节　辅导与答疑

如果说作业布置与批改更多的是师生见物不见人的间接交流，那么，辅导与答疑环节则更多的是师生面对面直接的思想交流，更能产生奇特的效果。“古之学者必有师。师者，所以传道、授业、解惑也”，韩愈的这句名言，非常精辟地把教师的主要任务归纳为三个方面：传道、授业、解惑。一般狭义地认为，传道、授业是教师的课上行为，解惑是课后辅导与答疑行为[①]。

一、辅导与答疑的含义和意义

（一）含义

辅导与答疑是教学的一种形式，主要是在上课时间以外帮助、指导学生学习，解答学生学习疑问的活动。它是上课的补充形式，并不是上课的简单重复。辅导与答疑是适应学生个体差异、因材施教的重要措施，根据辅导对象规模，可分为个别辅导、小组辅导和集体辅导三种类型[②]。根据辅导答疑的时间，又可分为平时辅导答疑和考前辅导答疑两种。如果从更宽泛的角度理解，辅导答疑在实际教学中无处不在。在备课环节，教师需要了解学情，找学生交流谈话，解答学生的问题；在上课环节，在巩固知识和讨论知识的过程中教师需要巡回指导，回答学生的疑问；在布置作业与批改作业过程中，

① 于新蕊，宋辉，邓淑凤，等．对课后辅导答疑的探讨与实践 [J]. 山西职工医学院学报，2012（5）：69-70.

② 张乐天．教育学（新编本）[M]. 北京：高等教育出版社，2007.

针对学生存在的普遍问题或个别问题，需要教师集体指点或个别面批面改；在学业成绩检查与评定环节，需要教师进行考前辅导答疑和考核的知识点辅导答疑。但是，辅导与答疑是一个相对独立的教学环节，主要是因为辅导与答疑的时间更加集中，辅导答疑的内容更具有系统性，辅导答疑的对象更具有针对性。因此，无论是教师，还是学校，都应该充分认识到辅导答疑环节的积极作用和独特价值。

（二）意义

1. 辅导与答疑更利于贯彻因材施教思想

辅导与答疑活动主要是教师在上课时间以外进行的一种特殊的教学活动，不像上课那样面向全体学生，它主要针对部分学生或个别学生开展，因此，更能做到因人而异、因材施教。在这个环节，教师的辅导与答疑活动的时间和地点可以自由选择，实施起来时空自由度大，教师可以针对不同的学习个体进行有针对性的辅导。对基础薄弱的学生可以帮他将书本中没有理解的知识点逐个分析，同时为他指定一些相对浅显易入门的参考书日，帮助其逐步深入；对程度较好的学生则可以为其提供一些能“举一反三”、培养发散性思维的学习资料；对少数几个特别优秀的学生可以直接发展其为学科竞赛后备力量。由此，不同情况的学生均可以找到自己的发展空间，从而保证课程教学的整体推进[①]。

2. 辅导与答疑可以有效了解学情

了解和研究学生是开展好教学工作的基础和前提，许多优秀的教师不仅吃透了教材，成了优秀的“经师”，而且更重视了解和研究学生，达到了“人师”的高度，最终成了优秀的“双师”。了解和研究学生是一门艺术，有很多方式和渠道，如通过第三者了解、通过问卷调查了解、通过教育理论了解等，但这些都是间接地了解和研究学生的方法，而辅导与答疑则是直接面对面地与学生对话、交流，认识学生的内心世界的方法，即便是上课，也没有这样的优势，因为上课对学生的了解是有限的、短暂的。在辅导答疑中，教师通过对学生的指导，可以了解学生的学习方法是否科学、学习态度是否端正、

① 凌俐，莫国良．关于基础课程辅导答疑的思考 [J]. 计算机教育，2008（12）：69-72.

学习兴趣是否浓厚、学习基础是否扎实；通过答疑，可以了解知识的重难点在什么地方，发现学生的学习疑惑和症结所在，明确学生的经验与知识之间的差距等，获得很多有用的信息。根据这些发现，教师就可以与学生一起细致探讨适合其个性特点的学习方法和习惯，让他们能及时把握课程的学科特点，尽快步入学习正轨，有效提高学习成绩。

3. 辅导与答疑是教书育人的有效途径

辅导答疑是课堂教学的有效延伸，是一种特殊的教学活动。平时我们往往把注意力集中在教学实施——上课环节，总认为上课是主渠道，通过上课才能有效做到教书育人。其实，辅导与答疑被很多教师长期忽略。众所周知，教育不仅仅局限于知识的传授与技能的培养，更在于通过教师的“身教”，以其高尚的道德品格和人格魅力，从言行上示范、引导、感染学生，从而完成学生道德品质和理想人格的塑造。在辅导答疑过程中，师生之间往往不是上课环节中的正式关系，而是亦师亦友的伙伴关系，没有了上课中的那份严肃和拘谨，代之以一种类似朋友的身份在宽松的氛围中自由交流思想、探讨问题，这种氛围非常有助于“尊师爱生、民主平等、教学相长”新型师生关系的构建。此外，辅导与答疑中，教师的执着、耐心以及对学生的期望和理解，在学生的心中会打下深刻的烙印，产生微妙的影响。

二、辅导与答疑的类型和内容

辅导与答疑有多种分类，从辅导人数规模上，可分为个别辅导、小组辅导和集体辅导三种，因为这个分类比较好理解，不再赘述。我们以辅导时间为划分标准，具体讲述平时辅导与答疑和考前辅导与答疑。

（一）平时辅导与答疑

平时辅导与答疑是最基本的形式，主要目的在于及时帮助学生克服学习中的困难，指导学生学习方法，提高学生学习效果。主要有下列几种辅导与答疑情况。

1. 及时解疑释惑，激发学习热情

辅导与答疑主要是对学生在听课、复习以及阅读课外资料等过程中产生的疑难问题进行具体的指导与解答，使之学得透彻、明白，体验到成功解决问题的乐趣，从而进一步激发学习兴趣。只有让学生保持较高的学习热情，才能形成较强的学习动力，从“要我学”变成“我要学”。

2. 为缺课生补课，紧跟教学进度

知识的获取是一个循序渐进的过程，课堂教学具有很强的科学性和逻辑性，学生缺课无疑会影响到后续知识的理解和掌握，甚至会降低其学习兴趣。因此，可以利用辅导答疑时间给缺课学生有针对性地补课，使之跟上教学进度，保证后续课程的学习效果。

3. 开展学法指导，提高学习能力

“授人以鱼，不如授人以渔。”未来的文盲，不再是不认识字的人，而是没有学会怎样学习的人。这充分说明加强学生学法指导，提高学生自学能力的重要性。因此，辅导答疑除了要针对性地解答问题外，还要指导学生的学习方法和思维方法，培养学生的自主学习能力。

4. 对优生优指导，挖掘认知潜能

教师在辅导与答疑时，既要热情帮助后进生，照顾中等生，还要注意对优等生进行辅导与答疑。对优等生的辅导与答疑，原则是拔高，可向他们提出一些较深层次的问题或者让其辅导其他同学，以充分拓展其知识的广度，促进认知潜能开发。

5. 收集反馈信息，调整教学策略

教师在辅导与答疑中除了要帮助学生解决学习困难、进行学习方法指导外，还要及时收集学生对教师教学的反馈信息，并加以梳理、归纳和分析，从中发现自身在教学工作中存在的普遍问题，分析问题产生的原因，调整教学策略，提高上课质量。

（二）考前辅导答疑

按照教学计划，通常将考前辅导与答疑安排在课程结束后一周内进行，旨在解决学生在复习过程中遇到的各种问题，帮助学生更好地将学到的知识融会贯通、灵活运用。考前辅导答疑通常采取个别辅导形式，即教师到教室面对面解答学生的各种疑问。另外，学生也可以通过电话、网络、小纸条等方式及时与教师沟通。对大多数学生存在的共性疑难问题，则采取集体辅导答疑形式，有针对性地集中解决，对个性问题，可以采用一对一方式解决。特别强调一点，考前辅导答疑绝不是给学生划重点、串考题，所以教师应坚持“复习—疑问—辅导—提高”的原则，杜绝暗示考试内容现象，并对个别学生要求划重点、押题、套题等行为进行批评教育[①]。

三、辅导与答疑注意事项

（一）辅导与答疑要抓好时机

成功感是学习过程中非常宝贵的情感体验，它能极大地激起学习兴趣和热情。学习情趣的丧失很大程度上源于学习受挫，体会不到成功感。因此，辅导与答疑一定要及时跟上，当天学习的知识在当天得到消化解决，让学生获得满足感和成就感，从而保持学习的热情和兴趣。

（二）辅导与答疑态度要诚恳

美国教育家爱默生说过，教育的秘诀是尊重学生。教师辅导和答疑的态度要端正，诚心诚意为学生服务，辅导和答疑要做到精心、耐心和爱心，认真对待学生提出的各种问题，充分尊重和理解学生。同时还应注意启发学生思考，尽量避免简单的“有问必答”，而是帮助他们分析问题，理清解决问题的思路，训练思考方法，提高自我解决问题的能力。

案例：有一名数学教师，其思维非常敏捷，有一天到班里去辅导和答疑，当学生提问题的时候，他拿起书本一看，不经意地说：“这个题也不会，太简单了。”接着就用口述的形式将解题的思路、步骤和盘托出，最后将答案也口算出来了，弄得提问题的学生面红耳赤、无地自容。

（三）辅导与答疑要注意育人

“情感、态度和价值观”是新课程标准中的一个重要方面，其目标需要通过教学各环节来实现。所以，在辅导与答疑时，我们应注意加强情感教育，

① 于新蕊，宋辉，邓淑凤，等. 对课后辅导答疑的探讨与实践 [J]. 山西职工医学院学报，2012（5）：69-70.

尊重、赏识、关爱学生。在解答学生疑难问题时，如果发现学生有思想、生活、心理等方面的问题，更要积极、及时帮助他们解决，引导学生走出迷茫和困惑，树立积极的人生观和人生态度。

（四）辅导与答疑形式应多样

除了常见的集体辅导与答疑和个别辅导与答疑形式外，还可通过组织学生试教、参与实验准备和课外兴趣小组、指导举办知识竞赛等多种多样的课外活动来深化辅导与答疑工作，这样既能提高学生的综合素质和实践能力，又拓展了辅导与答疑形式。此外，现代网络非常方便，还可以搭建各种网络平台，开展线上辅导答疑。

（五）辅导与答疑要作好记录

辅导与答疑的根本目的是提高教学质量。辅导与答疑是帮助学生消化知识、指导学生学习、解答学生疑难问题的有效手段。作为教师，要做一名教学工作的有心人。要善于从辅导与答疑中总结经验和教训，辅导与答疑后要及时将存在的问题、心得体会作好记录，并深入分析原因，总结经验和教训，这样对今后的教学工作必将起到积极的作用。

（六）遇到棘手问题要冷静

辅导与答疑过程中，教师有时会遇到很难一时解决的棘手问题，碍于教师的尊严，很多教师会脸红脖子粗，一时下不了台。应该认识到，这是非常正常的现象，教师不要感到难堪和不安。韩愈《师说》云："是故弟子不必不如师，师不必贤于弟子，闻道有先后，术业有专攻，如是而已。"这也表明遇到自己一时解决不了的问题时，不要钻进死胡同，更不要不懂装懂地搪塞一通，我们可以真诚地告诉学生，问题有点复杂或超纲，回去查查资料后再回答。此外，也可以询问学生提出该问题的背景，与学生一起探讨答案，这也是教师学习、提高的好机会，千万不可错过。

思考与讨论：

1. 布置作业应符合哪些要求？
2. 批改作业有哪些注意事项？
3. 辅导与答疑的内容有哪些？
4. 请讨论“真正优秀的教师不会给学生留作业”这个观点。
5. 请讨论“如何有效利用网络开展好在线辅导与答疑”。

第四章　学业成绩检查与评定

考考考，老师的法宝，分分分，学生的命根。各地重点高中的学生是否普遍是高分低能？我们的三好学生评价是否客观？钱学森世纪之问折射出学校教育中的什么问题？第一个问题实际上是我们的学业评价标准侧重什么；第二个问题实际上是我们的学业评价标准是否被异化；第三个问题实际上反映的是我们的学业评价标准导向问题。

第一节　学业成绩检查与评定概述

一、含义与意义

（一）含义

关于“学业”一词，有不同的解释，《辞海》中有两种意思，一是学问；二是学校的课业，如学业成绩。本书主要指的是后者。有人认为，对学业的理解应该有广义与狭义之分，当然，学业成绩的检查与评定也应该有广、狭义之分，就广义的学业成绩检查与评定而言，应包括德、智、体、美、劳五个方面。就狭义而论，学业成绩的检查与评定，指对学生学习功课和作业的考查和考试。不论广义或狭义，学业成绩的检查与评定，都是通过考查、考试对学生的学业成绩进行检查与评定的方法[①]。关于学业成绩检查与评定同当前人们都在谈的教学评价的异同，两者虽然都有评价的意思，但不能混为一

① 王振中．学业成绩检查与评定的概念及其意义 [J]. 河南师大学报，1987（1）：93-96.

谈，学业成绩检查与评定是从学生角度而言的，教学评价主要侧重于对教师教学工作的评价，具体如表 4-1 所示。

表 4-1　学业成绩检查与评定和教学评价的区别

项目	学业成绩检查与评定	教学评价
评价对象	学生学业水平	教师教学工作
评价目的	促进学生不断进步	促进教师专业水平提高
评价内容	各科教学知识技能	教学结果；教师教学行为；学生的学习行为
评价标准	课程标准	教师职业道德规范等规章制度
评价方法	观察法、测验法、调查法等	总结法
评价主体	以教师为主	学校各级领导、专家、同行、学生
评价方式	考查、考试	听课、检查教学文件、业绩考核

尽管有如此大的区别，但两者也不是没有联系的，两者是一体两面的关系。一方面，两者相互促进。学业成绩检查与评定的结果可以促进教师调整教学内容、改进教学方法、提高教学水平；教师教学水平的提高又能促进学生学业成绩的进步。另一方面，两者相辅相成。正如教与学是不可分割的一个整体一样，教学评价中有学生学业成绩的判断指标，尤其在中小学校，学生学业成绩指标在教师教学业绩考核中的权重非常大。学生学业成绩的检查与评定又离不开教师这个评价主体，因为平时成绩的检查与评价方式、评价标准都由教师来设定。

学业成绩检查与评定，是指以国家的教育教学目标为依据，运用恰当的、有效的工具和途径，系统地收集学生在各门学科教学和自学的影响下认知行为上的变化信息和证据，并对学生的知识和能力水平进行价值判断的过程。

（二）意义

1. 对学生而言，通过学业成绩检查与评定可以让学生发现自己学习态度、方法等方面的优点和不足，以便及时弥补，强化学习目的，端正学习态度，优化学习方法，提高学习成绩。

2. 对家长而言，通过学业成绩的检查与评定可以让家长了解孩子的学业情况，分析家庭教育存在的问题和不足，从而在教育观念转变、家庭教育计划编制、家庭教育环境打造、家庭教育方式方法改进以及家庭教育文化营造等方面，进行反思与改进，从而与学校教育保持同步一致，形成教育合力。

3. 对教师而言，通过学业成绩的检查与评定分析得出学生的学习效果，在一定程度上反映了教师的教学效果。通过对学生学业成绩的检查与评定能发现教师教学存在的问题，教师对检查的结果进行认真、深入分析，有助于有效地调整、改进教学内容和方法，提高教学质量。

4. 对学校而言，学生学业成绩的检查与评定，也是学校各级部门和领导了解教与学情况的重要途径之一。检查与评定的结果是分析教学质量与学习质量、教与学存在问题的实际材料，作为指导教学、教育工作的依据之一，也是学校教学质量评估的材料。

二、现状与问题

（一）现状

关于学生成绩的评定，尤其是成绩的处理，国家的政策是非常明确的，即减少学生考试次数，不得公布学生成绩，减轻学生的心理压力。

2006 年，教育部发布《贯彻〈义务教育法〉进一步规范义务教育办学行为的若干意见》，规定义务教育阶段学校“要严格控制学生在校考试次数，不得公布学生考试成绩，不得按考试成绩对学生排名”。在国家这一政策的指示下，安徽、江西、山东、广西、四川等各省市自治区也纷纷出台相应政策，严格控制考试的次数。以山东省为例，2009 年 12 月山东省出台了《山东省普通中小学考试管理规定（试行）》，规定普通高中考试不得公布学生成绩：强化考试成绩管理。普通高中模块考试成绩不得以任何形式进行公布、宣传，并以此排名排队、奖惩，学业水平考试成绩只能单独通知学生个人，切实减轻学校、教师及学生的压力。文件专章对考试的类别、内容和形式都作了具体规定，摘录如下。

第七条 考试类别

学科单元测验属于教学过程中的诊断性考试。由任课教师或教研组进行命题（也可采用学生自主命题）并组织实施。每个学科每个单元可进行一次测验。

义务教育阶段期中考试、期末考试。义务教育阶段期中考试、期末考试是一种阶段性考试，由学校组织进行。义务教育阶段的期中考试（小学不组织期中考试）一般安排在学期中间；期末考试一般安排在学期末放假前一周。试题由学校命制。

初中学生学业考试。由各市教育行政部门组织，同级教研机构命题，省教研室可提供样题。

高中阶段模块考试（学分认定考试）。普通高中各门课程按模块设置，采用学分管理。在每个模块学习结束后进行的考试称为模块考试，同时也是学分认定考试，由学校自行组织，试题由学校命制。对不及格的学生，每次考试后要在适当时间安排补考。

高中学生学业水平考试。由省教育厅组织，省教研室命题。

高考模拟考试。高中三年级下学期市级教育行政部门可统一组织一次高考模拟考试。

第八条 考试（考查）科目

小学考试科目为语文、数学、外语。考查科目为科学、品德与生活、品德与社会、音乐、美术、体育、综合实践活动（含信息技术）、地方课程、学校课程。

初中阶段考试科目为思想品德、语文、数学、外语、物理、化学、历史、地理、生物。考查科目为音乐、美术、体育与健康、综合实践活动（含信息技术）、地方课程、学校课程。

高中阶段考试科目为语文、数学、外语（含听力测试）、物理、化学、生物、思想政治、历史、地理、信息技术、通用技术。考查科目为音乐、美术、体育与健康、综合实践活动、学校课程。

第九条 考试（考查）形式

鼓励采用开卷考试、实验操作、听力测试、辩论、情景测验、成果展示、小论文以及面试答辩等多种考试、考查方式。重视过程诊断反馈与期末考试相结合；规定内容与自选内容相结合；书面测试与口头测试、动手测试相结合；学科测试与特长测试相结合；免考与重考相结合。

（二）问题

1. 片面追求排名和升学率

学业成绩检查与评定的目的是检查师生的教学效果，但是在某些学校，分数异化为追求升学率的工具，成为排名、遴选入学资格的唯一凭证。小升初、初升高，甚至连幼升小都要看学生的基础，进行考试选拔，对学生造成了不良影响。因此，学生减负刻不容缓。

2. 学业检查与评定的内容偏离了正常的轨道

主要表现为重知识考查，轻能力考查；重理论考查，轻实践考查。在高考以知识考核为重点的指引下，很多中小学教师在组织学生学业成绩考核时，只注意考核学生对基本理论、基本知识和基本技能的掌握情况，而忽视对分析问题，解决问题能力的考核。在考试命题时往往偏重于记忆性的题。这一类试题，如果学生在临考时突击一下，常常容易获得高分，而这种高分并不能反映他们实际的水平和能力。

3. 学业成绩检查与评定的方式单一，次数频繁

主要表现为考查性的少，笔试形式的多；考试次数非常频繁。当前尽管国家三令五申，减少考试次数，但仍然有些学校在偷偷进行各种各样的测验、考试。教师忙于出题、阅卷，讲解试题，学生则忙于背书、做题，疲于应付。

第二节　学业成绩检查与评定方式方法

一、学业成绩检查与评定方法

中小学目前常用的学业成绩检查与评定的方法主要有观察法、测验法、调查法和自我评价法等几种。

（一）观察法

观察法是人们为认识事物的本质和规律，通过感觉器官或借助一定的仪器，有目的、有计划地对自然条件下出现的现象进行考查的一种方法。观

察可以分为参与型观察和非参与型观察。参与型观察是观察者和被观察者一起生活、学习和工作，在密切的相互接触和直接体验中倾听和观察他们的言行。这种机会教师有很多，如课堂就是教师参与式观察的场合，教师可以通过注视、提问等方式，了解学生的学习情况。非参与型观察即观察者通常置身于被观察者的世界之外，作为旁观者了解事物的发展动态。如教师可以置身事外，观察学生自习课、课外活动等情况。但是，观察法也有自身的局限性，主要是容易受被观察者的表象所影响，而无法正确判断。同时，观察的结论还受观察者分析问题的能力和对问题的敏感程度影响，尤其是第一印象的影响，极易造成主观臆断。比如，对于刚升入初中的学生，教师很容易对学生产生误判，有的学生平时上课很活跃，积极回答老师的问题，老师就认为这个学生学习成绩肯定差不了，结果考试成绩却低于预期。所以，观察学生要尽可能摆脱主观臆测，从多个方面进行综合考虑，才能得出正确的观察结论。

（二）测验法

这是目前中小学最常用的检查与评定方法。测验法主要通过笔试进行，是考核、测定学生成绩的基本方法。

1. 测验的质量指标

测验的质量指标主要有信度、效度、难度与区分度。

（1）信度

信度是指测验结果的可靠程度。如果一个测验反复使用或以不同方式使用都能得出大致相同的可靠结果，那么这个测验的信度就较高，否则，信度则较低。影响信度的因素很多，主要有测验的长度、测验的时间、受试者的身心状态、测验的指导语不清、评分标准不一等。

（2）效度

效度是指测验达到测验目的的程度，即是否测出了它所要测的东西。一个测验的效度总是相对于一定的测验目标而言的，不能离开特定的目标笼统地判断这个测验是否有效度。影响效度的因素主要有统计功效低、违反统计方法的使用条件、测量信度低等。

（3）难度

难度是指测验包含试题的难易程度。具体计算公式为学生答对题目的成绩与所有题目或单个题目满分值的商，一般在 0.3—0.7 之间为适中，结果越大，难度越低，相反，难度越高。

（4）区分度

区分度是指测验对考生的不同水平能够区分的程度，即具有区分不同水平考生的能力。区分度的常用指标为 D，取值在 -1—1 之间，值越大区分度越好。具体公式为 $D=PH-PL$，PH 为高分组的项目难度，PL 为低分组的项目难度。

2. 测验的种类

学业成绩常用的测验有：论文式测验、客观性测验、问题情境测验和标准化测验。

（1）论文式测验

论文式测验是通过论述题形式，要求学生系统回答以测定他们的知识与能力水平的测验。它的优点是可以有效测定学生分析和认识问题的能力，缺点主要是阅卷任务重、评分缺乏客观性、易受评卷者主观因素影响。

（2）客观性测验

客观性测验是通过出一系列客观性试题让学生回答来测定他们的知识与能力水平的测验。优点是取样广泛、命题的知识覆盖面大、答案明确、不易受评卷人主观态度的影响。缺点是编制测验试卷任务繁重、难以测定受试者的能力。

（3）问题情境测验

问题情境测验是通过设计出一种问题情境或提供一定条件要求学生完成具有一定任务的作业来测定学生知识与能力水平的测验。优点是能够测定学生解决实际问题的能力。缺点是其知识覆盖面窄。

（4）标准化测验

标准化测验是具有统一标准、对误差作了严格控制的测验。标准化测验又称常模参照测验，与目标参照测验相对（如表 4-2 所示）。

表 4-2　常模参照测验与目标参照测验比较

类型	常模参照测验	目标参照测验
目的	区分学生学业成绩的高低	判断学生达到教学目标的程度
范围	内容较广，分布面较广	较集中，围绕目标
强调点	区分水平与能力	对所学内容的掌握程度
质量	平均难度适中，区分度较好	根据教学目标要求而定
试题类型	多用选择题	少用选择题
信度与效度计算	适用	一般不便于计算

（三）调查法

调查法是了解学生的学习情况，为进行学生成绩评定收集资料的一种方法。它一般通过问卷、交谈方式进行。问卷是预先设计好调查题，要求学生作答以获取有关评价资料的方法；交谈是了解学生学习兴趣、需要、态度和动机等情况的一个重要方法。

（四）自我评价法

自我评价法就是自己对自己的评价，广泛用于知识掌握的自我评价、学习动力的自我评价、学习策略的自我评价①。

二、学业成绩检查与评定方式

学业成绩检查与评定的方式主要是指通过什么形式进行检查与评定。目前中小学主要有考查与考试两种方式。

（一）考查

考查一般是指对学生的学习情况和成绩进行的一种经常的小规模或个别的检查与评定。

考查的方式主要有口头提问，检查书面作业，书面测验等。口头提问主

① 2013 小学教育学考点命题：7.3 学生学业成绩的评价 [EB/OL].（2013-07-11）[2022-12-02]. https://www.exam8.com/zige/jiaoshi/fudao/201307/2670639.html.

要适用于需要学生掌握的基本知识点，如常用的数学公式、单词词组等；检查书面作业主要指各科布置的作业练习，如数学习题、作文等；书面测验主要指通过笔答方式，依据各教学科目或章节教学目标，针对学生知识点的记忆性、理解性和应用性的掌握情况进行的测验或考试。

（二）考试

考试一般是指对学生学业成绩进行的阶段性或总结性的检查与评定。

考试的具体方式通常有期中考试、学期考试、学年考试、毕业考试等。期中考试是每学期过半时为了温习学过的知识而进行的测验或考试；学期考试也称期末考试，是一学期结束后举行的对整个学期所学知识的测验或考试；学年考试是对整个学年所学知识的考试；毕业考试主要指完成小学阶段、初中阶段和高中阶段学业之后进行各学段所学知识的考试，考试成绩合格，即颁发相应学段的毕业证书。

三、学业成绩检查与评定结果记录与影响因素

（一）结果记录

考查与考试的结果一般都量化为分数显示出来。为了对学生考查和考试的成绩准确地评分，教师须熟练地掌握评分标准和记分法。

评分标准要注意几个方面：学生掌握知识的广度和深度；运用知识的能力，包括语言和文字表达能力；在口头、书面回答和实际操作中所犯错误的数量与性质等。

常用的记分法有分数计分制和等级制两种。等级制主要是根据学生学业水平，对照相应等级要求作出的符合相应等级范围的评价。等级制按照等级细分程度，可分为多种，如可以划分为上、中、下三级或优、良、中、差四级，也可以划分为 5、4、3、2、1 五级或及格与不及格两个等级。分数计分制主要是将每个考试题目按照重要程度赋予不同的数值，最后所有题目赋值累计得分即试卷的满分。百分制试卷最常用，120 分和 150 分的试卷常用在中高考中，为的是更加有区分度，以选拔优秀人才。

学业成绩分析。从理论上讲，中小学学生的成绩分布一般呈常态分布，即学生成绩中等的人数居多，优和不及格都是少数，即中间大、两头小，这是由于在一般情况下，全体学生的知识程度、能力水平呈现常态分布。我们不说正态分布，因为正态分布是专有名词，对分布曲线有严格要求，说常态分布意义要更广泛些，对曲线要求很宽松。从大多数人对百分制的理解可知，中点数在 75 分左右。如何把这个常态分布反映出来，目前主要就是通过考试成绩的分布来反映，这对试题要求很高，题目要难易适中，反映学生的实际水平，这实际上是在考教师的水平，考教师是否真正了解学生的实际情况，试题是否能反映出常态分布。如果题目出难了，低分的人很多，中、高分的人数少，就形成了负偏态分布；如果题目出简单了，会出现正偏态分布，即高分的人数很多，中、低分的人很少（如图 4-1 所示）。

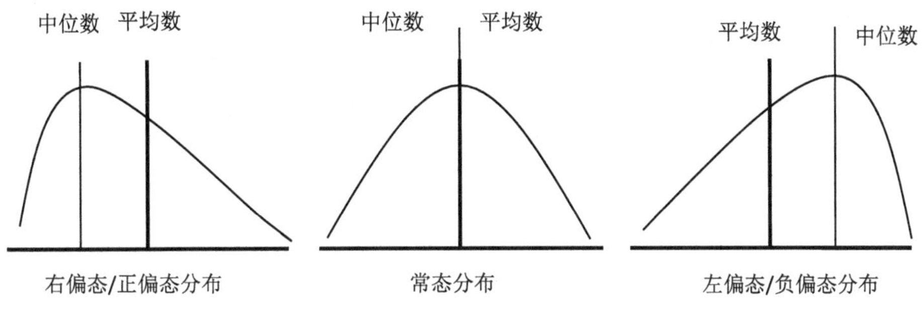

图 4-1　成绩分布形态

（二）影响因素

学生学业成绩的好坏受多种因素的影响，大致包括三种。

第一种是环境因素。主要包括家庭环境、学校教育环境、人际环境等，过去人们常说逆境出人才，但这只是个例，通常情况下条件优越的家庭更容易出人才。北京大学教育学院副教授刘云杉统计 1978—2005 年近 30 年间北大学生的家庭出身后发现，1978—1998 年，来自农村的北大学子比例约占三成，20 世纪 90 年代中期开始下滑，2000 年至今，考上北大的农村子弟只占一成左右[①]。这说明家庭环境的影响日益明显。学校教育环境当然是主要因素，

① 刘惠生 . 北大清华生源调查：仅一成来自农村 [EB/OL].（2013-06-06）[2022-11-09]. http://news.sohu.com/20130606/n378184344.shtml.

起主导作用，不难想象，一所办学条件优越、师资整体素质较高、管理科学的学校，在生源素质相同的条件下，其教学质量肯定要略胜一筹。

第二种是学生自身的努力程度。个体主观能动性是影响人发展的主要因素之一，如学生本人是否学习目标明确，是否学习刻苦、有恒心、能坚持以及学习的态度、兴趣等，“知之者不如好之者，好知者不如乐之者”就是这个道理。

第三种与父母的遗传有一定关系。遗传素质是影响人的发展的基础和前提。英国遗传学家弗朗西斯·高尔顿是典型的遗传决定论者，主要在于他研究了1768—1868年100年间英国的977个（这些人在4 000人中才会产生一个）将军、首相、文学家、科学家的家谱，发现大多数名人出生于望族，据此作出论断认为天才是遗传的。他还认为，遗传的不光是天才本身，还有天才的形式。比如，一个伟大的科学家往往出生于一个在科学上有杰出成就的家庭，而一名杰出的律师则可能出生于一个律师世家。他用 80 对双胞胎的材料进一步证明了心理的遗传性。不过高尔顿走向了遗传决定论的极端，否定了环境因素的作用。学业成绩与家庭父母的教养方式有很大关系，2017 年 6 月 19 日，艾瑞深中国校友会网最新发布《校友会 2017 中国高考状元调查报告》，报告显示，2007—2016 的 10 年间，高级知识分子家庭状元比例逐年上升，教师和公务员家庭最盛产全国高考状元（如图 4-2 所示）。

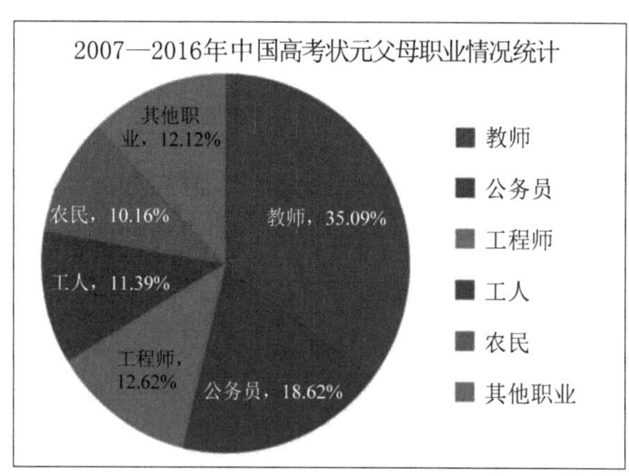

图 4-2　高考状元父母职业统计[①]

① 中青在线 . 中国高考状元调查报告 教师公务员家庭最盛产状元 [EB/OL].（2017-07-10）[2022-01-13]. http://theory.cyol.com/content/2017-07/10/content_16283573.htm.

这个资料说明，教师和公务员职业具有较好的职业素养和较为充分的节假日，孩子可以获得父母的及时教育辅导。

四、学业成绩检查与评定注意事项

（一）注重能力

在检查和评定学生的学业成绩过程中，要注意培养学生分析问题、解决问题的能力，独立思考、独立工作的能力，试题要有利于发展学生的智力；鼓励学生用自己的思想和语言回答问题，敢于发表创新的意见。对于那些死记硬背、不求甚解的学生，要给予教育帮助。

（二）客观公正

评定学生的学业成绩，教师要力求客观、公正，不要过严也不要过宽，更不要带有偏爱和成见，任意增减分数。这一点很重要。如果不注意，非但不能真实地反映学生的知识水平，而且会影响学生学习的积极性和上进心。

（三）及时反馈

检查和评定是手段，不是目的，一定要及时将检查与评定结果反馈给学生，找出错误点，分析原因，弥补错失，提高成绩。

思考与行动：

1. 请谈谈我国学业成绩检查与评定改革的趋势。
2. 协助当地中小学教师编制一份其任教科目单元测验试题。
3. 请运用本章知识分析下表成绩分布情况。

某小学五年级部分学生语文、数学、英语成绩单					
学号	姓名	性别	语文	数学	英语
01	刘＊娟	女	80	65	75
02	韩＊双	女	90	75	78

（续表）

某小学五年级部分学生语文、数学、英语成绩单					
03	王*康	女	96	88	90
04	张*鑫	女	93	87	78
05	樊*坤	女	52	56	70
06	温*倩	女	67	68	72
07	陈*辰	女	89	79	80
08	刘文*	女	99	82	80
09	*赵娣	女	57	55	76
10	马生*	男	66	79	87
11	赵*斌	男	78	88	80
12	*高娜	女	92	91	82
13	严*双	女	86	92	70
14	刘品*	男	82	65	77
15	李*华	女	77	77	75

第二篇 教学研究工作

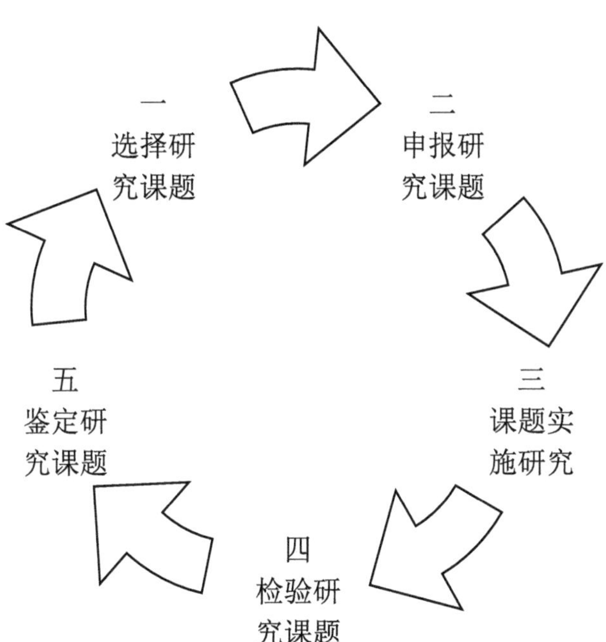

第五章　选择研究课题

第一节　选题概述

《礼记·学记》中讲："是故学然后知不足，教然后知困。知不足，然后能自反也。知困，然后能自强也。"这句话深刻说明了教学相长的道理。其实除了教和学两种行为外，还应该有"研"的成分。当前，教师要成为研究者，教师即研究者、反思型实践者已达成全球共识，从之前的一个口号逐渐成为一个有号召力的行动而被广为传播，汇成了当前教师教育改革中一个具有国际影响的运动，成为教师专业化发展的重要趋势。我国教育家顾明远先生早就指出，专业意味着不可替代性[①]。

上述情况表明，开展教育研究已成为中小学教师专业成长的必修课，是教师职业走向专业化的必要途径。教育研究也是一项系统的工作过程，本章主要介绍选题方面的知识技能。

一、什么是研究课题

（一）含义

在了解研究课题之前，先来了解一下什么是研究问题，这样对于研究课题的理解将会更加深入。研究问题，就是一种意义或内涵不明确、信息不充分、需要进一步探究的状态，是等待研究者通过收集和分析资料来解释的待

① 顾明远．必须使教师职业具有不可替代性[J]．瞭望周刊，1989（22/23）：9.

答问题[1]。这个解释说明，研究问题是一种揭示客观事物规律，上升到理论高度的问题，而不是生活、学习中任何具体的问题都能称为研究问题。例如，某一类应用题有几种解法？这是教学过程中碰到的一个数学问题，而不是研究的问题，因为这个问题只是一种具体的个别现象。

课题来源于问题，问题是课题的前身，问题常有，无处不在、无时不有，而课题却是从众多的问题中精心挑选出来的。教育课题，就是针对教育科学领域内具有普遍性的问题进行研究的题目。因此，课题是含有科研性的问题，研究课题是对问题做出科学判断和回答的过程。我们工作中有了问题就有了课题，通过一个课题可以达到解决多个问题的目的。但就问题解决问题，只是一种浅层次的工作，若将问题转换成研究课题，则是一种深层次的工作。比如，“中小学校园欺凌”是一个带有普遍性的问题，其产生原因复杂多样，是一个与某些学生身心发展的特点、学校教育、家庭背景等因素有关的具有普遍意义的问题，有待我们去探索，同时这个问题的范围和解决这个问题的措施比较明确和集中，这样一个问题，可以转化成“中小学校园欺凌预防教育研究”“农村青少年遭遇校园欺凌的生态风险机制及整体性干预研究”“青少年校园欺凌复合治理的教育法学研究”等课题。

（二）类型

1. 思辨性研究课题和实证性研究课题

若从研究方法发展史角度看，可以将研究课题划分为思辨性研究课题和实证性研究课题。两者大致以 17 世纪为分水岭，17 世纪以前主要以思辨性研究为主，之后实证性研究逐渐盛行。

（1）思辨性研究课题

思辨性研究有时也被称为“理论研究”或“逻辑研究”。顾名思义，就是运用抽象、概括、比较、分析、具体化等思维方式，揭示事物客观规律的研究。这类课题的主要方法是演绎法、归纳法和类比法，与演绎法和归纳法相比，类比法显得不那么正规、严谨。如捷克教育家夸美纽斯的《大教学论》里面就用了大量的类比法，由于此类研究方法靠的是喻证，只能说是教育学

① 郑金洲 . 教育研究专题 [M]. 上海：华东师范大学出版社，2002：39.

科走向独立化的标志，但没有成为教育学走上科学化的标志。因此，类比法虽然也时常被采用，但一般而言，类比法不宜作为正规学位论文的研究方法。

（2）实证性研究课题

实证研究有时也称“经验性研究”，是指研究者亲自收集观察资料，为提出理论假设或检验理论假设而展开的研究。也就是说，对研究对象做客观描述，而不对研究对象的行为结果做价值判断，主要回答研究对象“是什么”的问题。实证性研究可以概括为通过对研究对象大量地观察、实验和调查，获取客观材料，从个别到一般，归纳出事物的本质属性和发展规律的一种研究。

2. 描述性课题、相关性课题与因果性课题

若依据研究问题研究视角的不同，还可以将研究课题分为描述性研究课题、相关性研究课题和因果性研究课题。

（1）描述性课题

描述性课题主要是对事物进行叙述，了解现状，探讨是什么的课题，通常只涉及一个变量①。比如，发表于《开放教育研究》的《美国特许学校的基本特色——与公立学校的比较研究》这篇文章，就以比较的方式，描述了美国特许学校在招生、规模、师生比、年级分布以及计算机应用等方面的独特做法。这就是一个典型的描述性研究。

（2）相关性课题

相关性课题主要是了解事物之间的相互关系、密切程度的问题。通常涉及两个变量。比如，发表于《学前教育研究》的《幼儿社会退缩与好奇心的关系》这篇文章，采用问卷调查法，研究了幼儿社会退缩与好奇心两者之间的关系，研究结果发现，社会退缩幼儿的好奇心明显偏低，在好奇心总分及其各分量表上的得分与正常儿童相比，均存在显著性差异或极显著性差异。

（3）因果性课题。主要了解事物之间的因果关系或规律性，探讨为什么的问题，通常也涉及两个变量。在这方面，我国老一辈教育学人通过进行教学方法改革，大幅度提高了教学效果，如江苏洋思中学的张思中教学法，风靡全国，取得了显著的英语教学效果。再如特级教师顾泠沅在上海青浦中学

① 变量是指研究对象所具备的特性，是该研究所要描述、解释和探讨的因素，如年龄、性别、身高、时间等。

开展的数学改革试验，获得成功后在全国推广。这些老前辈所开展的研究都是因果性的大课题。

3. 定性研究课题和定量研究课题

若依研究方法中采用的工具及分析技术的不同，可以分为定性研究课题与定量研究课题。

（1）定性研究课题

顾名思义，定性主要是确定或探索人或物的属性、价值、意义。如果说定量研究解决“是什么”的问题，那么定性研究解决的就是“为什么”的问题。主要是在自然环境下，使用实地体验、开放型访谈、参与型和非参与型观察、文献分析、个案调查等方法对社会现象进行深入细致和长期的研究。这种研究通常收集第一手资料，从当事人的视角理解他们行为的意义和他们对事物的看法，然后在这一基础上建立假设和理论，并通过各种渠道对研究结果进行相关验证。如《教育研究与实验》上发表的文章《王小刚为什么不上学了——一位辍学生的个案调查》就属于典型的定性研究。

（2）定量研究课题

也称量化研究，指的是采用统计、数学或计算技术等方法来对社会现象进行系统性的经验考察。也就是说，将研究的问题与现象用数量来表示，进而去分析、考验、解释，从而获得意义的研究方法和过程。定量研究设计的主要方法有调查法、相关法和实验法。这种研究的目标是发展及运用与社会现象有关的数学模型、理论或假设。比如《学前教育研究》刊发的《中国学前教育研究会立项课题的研究状况与分析》一文就是量化研究，从量化的角度统计分析研究课题数量、分布及发展趋势等。

（三）研究课题的特征

1. 从表述上最好能涉及两个变量

如果只涉及一个变量，人们往往难以知道研究者究竟会做怎样的研究，会研究到什么层次。在中小学教学中，很多研究不是探讨事物的概念、特征和意义的，而是如何将各种影响因素与提高教育教学效果相联系。就像我们讨论素质教育是什么一样，根本就没有一个统一的定义，所以我们不妨按照素质教育的三个典型特征——面向学生全体、面向学生各个方面、让学生生动活泼地发展，去开展一些相关性研究，更有实际价值。如果只研究一个变量，那么该研究将呈现发散状，很难集中、深入地揭示事物之间的本质联系。

2. 研究内容必须明确具体

明确具体的研究问题有较好的操作性。研究问题要可解释、可测量。比如，“某市小学生健康状况研究”这个课题中的研究问题“健康状况”就比较笼统，因为健康状况包括心理的和身体的，心理健康和身体健康都有很多指标，因此研究起来将无从下手，所以不妨选择某一方面某一项指标开展研究，如改成“某市小学生肺活量状况研究”就非常具体、可操作性强了。

3. 研究范围和对象必须明确

比如“我国中小学生视力状况研究”，这个研究课题中，我国是研究范围，中小学生是研究对象，视力状况是研究内容。这个课题一般中小学教师就很难驾驭，尽管研究内容比较明确具体，但是研究范围和研究对象的选择都偏笼统，都不是一位中小学教师所能驾驭的。如果改为“某县初中一年级学生视力状况研究”，可操作性相对就更加强了。

二、研究课题的提出

（一）选题来源

上面讲了研究课题的含义、类型、特征等概述性的知识，那么，具体从什么渠道选择符合上述要求的课题呢？这个问题因人而异，没有固定答案。如果是为了研究的方便，我们不妨从教育实践和教育理论两个方面进行论述。

1. 教育实践视角

（1）将教育实践活动中的问题直接转化为研究课题

教育研究问题存在于教育实践活动中。我们可以把重要的、迫切需要解决的问题直接转化为研究问题。如：当前基础教育实践中提出减轻学生课业负担问题。现实中的问题是：学生负担究竟有多重？如何实质性地减轻学生负担？减轻学生负担究竟减什么？怎么减？这些问题都可以直接转化为研究课题。

（2）从教育实践的矛盾、困惑中寻找研究课题

比如，在中小学教学中，教师和学生的教与学本身就是一对矛盾关系，大家都同意“教师为主导、学生为主体”这个观点，但是当我们认真去反思的时候就会发现，教师的主导作用过大，学生主体作用被严重削弱。因此，我们不妨从学生角度，提出如何提升学生主体作用的课题，这便是很好的研究视角。

（3）抓住教育反思中的火花来形成研究课题

有时一个好的研究问题会来自灵感，来自突发的联想。如从 2016 年秋季开始，我国正式推行语文、历史、道德与法治三个科目的国发教材，经过几年的实践后，相关中小学教师不妨从教学实践心得体会中提出教材适应性等研究课题。如有的教师提出了“小学道德与法治教材中叙事的变革及实践研究”课题，获得了 2019 年度全国教育科学规划课题立项。

（4）从个人的教育教学经验中发现研究课题

在教育理论中我们学到了很多原理、规则等知识，这些原理都有一定的适用性或局限性，有时候这些理论遇到实践时并不都是适用的，我们还需要根据自身的实际经验进行完善，甚至修正。比如说教育理论中有对学生惩罚的理论，如果一个学生在课堂上不遵守秩序，我们可以把他的名字写在黑板上，这对于自尊心较强的孩子尚且适用，但对于自尊心不强的孩子则无济于事，因此，我们就可以从自身教育经验中提出“初中调皮生教育转化对策研究”这样的课题。

（5）从有争议的讨论焦点或热点问题上选择研究课题

焦点或热点问题是社会大众关注的论题，反映了社会的关心和需求，常常是研究课题之所在。比如说，目前比较流行的翻转课堂教学，究竟是模式还是方法？是革命还是改良？是利大于弊还是弊大于利？再比如，寄宿制对中小学生的发展是有益还是有害？儿童游戏算不算学习？等等。

2. 教育理论视角

（1）根据已有的研究成果来探究新的课题

众所周知，科学研究是在不断地解决问题和涌现新问题中发展前进的，要解决的问题会越来越多，如：成功教育、愉快教育在教育教学中有其积极作用，但在教育教学中是否只能给予成功和愉快的情绪体验？挫折和失败在教育

教学中究竟起怎样的作用？正强化和负强化在教育中各有哪些作用？适用条件有哪些？

（2）在理论空白处挖掘问题

教育研究领域内尚有许多未被开垦的处女地，在这些领域中进行挖掘，可以产生很多可以研究的问题，如：学生是怎样学会知识的？学生是怎样理解知识的？如何知道学生掌握知识的程度？知识教学教到何种程度为止？人工智能究竟会不会代替传统课堂教学？

（3）在理论观点的争议中寻找课题

不同的理论观点、有争议的问题本身就给我们提出研究问题提供了参照，如：课堂教学是以教师为中心还是以学生为中心？国学教育究竟是专门教育还是应该渗透融入式教育？

（4）运用逆向思维来提出课题

当站在一个观点的反面，运用逆向思维来看待问题时，常常会产生许多有价值的研究问题，如：当人们多在谈论教师如何教时，我们可以换个角度看学生如何学；当大家都在讨论如何实施素质教育时，我们可以反过来考虑学校教育中哪些方面不属于素质教育；当大家都在关注中小学生减负的时候，教师是否也应该减负？

（二）选题常见问题

1. 过于唯上

为了迎合国家教育改革发展趋势，有些中小学教师便将政策文件中提到的问题作为教育研究的热点，也不管自己适不适合研究，跟风从众，最后到处碰壁。

2. 眼高手低

过分偏重理论思辨研究，脱离教育实际问题，难以为教育实践提供理论上的指导，应用研究则表现为经验的堆积，缺乏理论指导，水平较低。

3. 盲目照搬

为了获得新的研究视角，有些中小学教师将国外的资料带回国内或翻译出来，稍加改动，贴上中国标签，表面上看是积极学习国外先进经验，实际上严重抑制了自己的主动性和创造性。事实表明，有许多国外的教育经验到中国难免水土不服，因此，要小心求证，理性借鉴。

（三）选择研究课题的具体方法

1. 聚焦选题法

研究课题形成的过程实际上如同照相机聚焦的过程，是一个不断缩小搜索包围圈的过程，是一个不断从朦胧、粗略的研究方向向具体、明确的研究课题逐步逼近的过程，如图 5-1 所示。

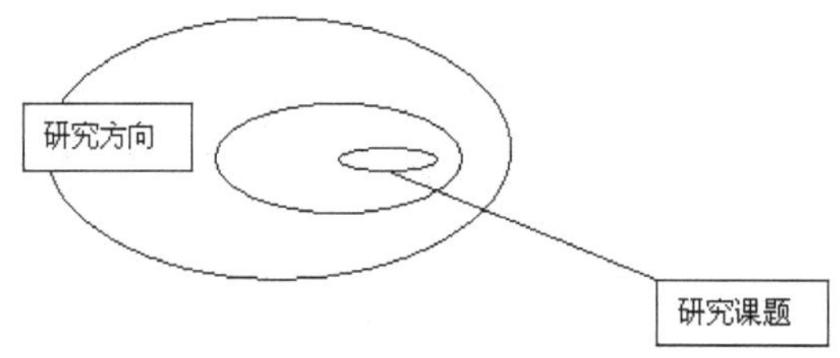

图 5-1　聚焦选题法

首先，初步确定研究的大致方向或范围。这时的课题通常是朦胧模糊、抽象笼统的，只是大概的研究方向或范围。其次，课题聚焦。将与研究问题相关的因素罗列出来，逐步缩小课题范围，向课题焦点逼近。最后，确定合适的研究法。例如，初步确定的课题范围是某种教学法的应用，教学法这个变量是个很大的范畴，需要进一步聚焦，教学法的特点是什么？在哪个学段应用该教学法？是在哪个科目的教学法？这些都需要在聚焦中明确下来，如果我们确定在初中范围内应用，在七年级道德与法治科目教学中应用，就形成了最终的聚焦点——七年级道德与法治“六动”教学法应用研究。

2. 菜单选题法

菜单选题法类似于计算机功能中的下拉菜单，又称级联菜单法。这种方法是将某一研究范围分成许多类别，然后根据需要和可能确定其中一个类别作为课题进行研究。当然，如果类别不够具体明确，可将该类的某一项分成更细的次类别，再进行选择，直至获得满意的课题为止。以研究学生学习效果为例，具体过程如图 5-2 所示。

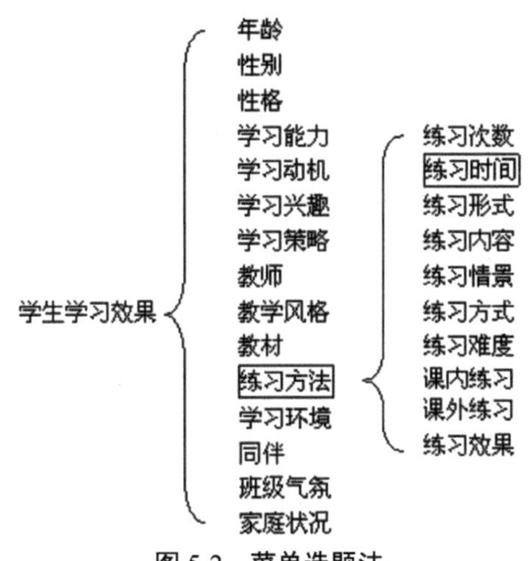

图 5-2　菜单选题法

上图这份菜单表明，当我们要研究学生的学习效果时，可将影响学习效果的有关因素尽可能地罗列出来，选择其中一个或几个因素进行研究。如果我们选中“练习方法”，但是我们感到“练习方法”仍然范围较大，难以操作，因此将“练习方法”再作分解，最后我们的课题焦点落在“练习时间”上，研究课题可以表述为“练习时间与学习效果的关系研究”。其实菜单选题法与聚焦选题法在原理上是一致的，只是将平面思维转换成了矩阵思维，都是在一步一步缩小研究范围。

3. 多维选题法

聚焦选题法和菜单选题法是从一个总研究方向出发，不断地分解具体的因素，从而使研究课题具体化、可操作化。多维选题法则是从两个以上的层面来考虑问题的选题方法。具体操作是先选两个或两个以上相关的研究领域，应用菜单选题法，在每个研究维度中罗列各种可能的因素，然后将任何两个有关的因素连接起来，构成研究问题。这种选题方法又称为多层面模式选题法。

例如要对教学进行研究，我们可以先列出“教学因素”“教学活动”和“教学成果”三个维度，在每个维度之下罗列各种可能的次级因素，然后根据研究者的兴趣和能力，选择合适的研究课题，例如，以教学因素中的“学生”为例，“学生”可以和教学活动或教学效果中的任何项目联系，组合成一个个研究课题，如图 5-3 所示。

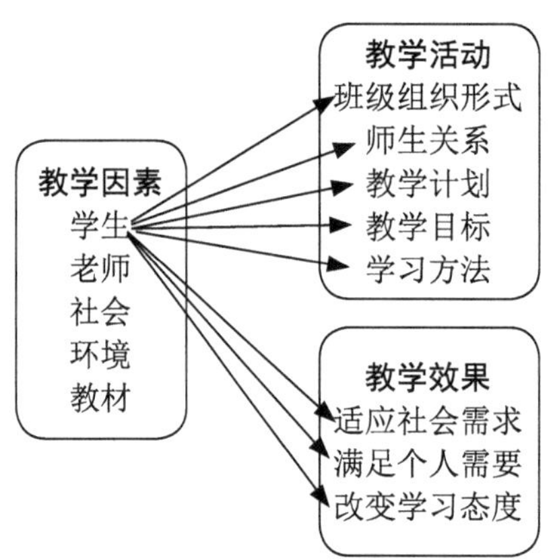

图 5-3 多维分类选题法

在实际选题过程中，可以将教学因素中的“学生”与“学习方法”联系起来作为研究问题，如果觉得这个研究问题还不够具体，还可将“学生”和“学习方法”作进一步分解，最后将某一种学生因素（如学生性格）与某一种具体的学习方法（如发现法）联系起来进行研究，研究课题可以是“发现法对不同性格学生进行教学的效果研究”。我们也可以将“学习方法”与“改变学习态度”联系起来进行研究，研究课题可以是“学习方法与学生学习态度的关系研究”。

4. 矩阵选题法

有时，也可以采用排列矩阵的方式来选择研究课题。采用矩阵选题法可将影响学生学业成就的可能因素尽量罗列，然后将这些因素排列成一个矩阵，再在矩阵因素之间进行选择，如图 5-4 所示。

图 5-4 中，阴影方格为某因素本身，可以看作单因素或单一变量的研究问题，其余空格均为涉及两个因素或两个变量的研究问题。由此看来，可产生的研究课题数量似乎是罗列因素的平方，这样研究者就可在众多的研究问题中选择有价值的、适合于自身能力的研究课题[①]。

① 康万栋，李晗 . 研究提升内涵：中小学教科研与应用 [M]. 保定：河北大学出版社，2015.

	1 经验	2 态度	3 学习动机	4 学习能力	5 知识基础	6 练习量	7 认知特征	8 性格	9 性别	10 班级气氛	11 课堂组织	12 评价方式
1 经验												
2 态度												
3 学习动机												
4 学习能力												
5 知识基础												
6 练习量												
7 认知特征												
8 性格												
9 性别												
10 班级气氛												
11 课堂组织												
12 评价方式												

图 5-4　矩阵选题法

（四）研究题目的表述

当我们的选题确定后，如果不能用合理、准确的方式表达出来，就可能影响课题申报的成功率。那么研究题目如何表达？需要注意以下几点要求。

1. 最好能囊括研究范围、对象、内容、方法

研究范围主要指哪个学科领域或地域范围，研究对象是研究指向的人或物，研究内容则是与研究对象相关的属性、特征、功能等，研究方法主要是调查法、实验法、个案法等常用方法。例如：国内外中小学教师专业伦理问责制的比较研究，“国内外”是研究范围，“中小学教师”是研究对象，“专业伦理问责制”是研究内容，“比较研究”是研究方法——比较法。

2. 研究内容最好涉及两个变量

研究题目涉及变量之间的关系，研究内容就会变得清晰、具体，研究的目标就会明确、一目了然。研究题目中不是不能用一个变量，相比较而言，用一个变量不及用两个变量来得清楚、具体。一个变量的研究课题往往是发散性的研究，范围扩散，不易聚焦。两个变量的研究课题往往是实证性的、一一对应的研究，范围集中专一。

3. 不要用疑问句形式或结论形式

研究课题作为一个问题，是埋深严肃的问题，题目必须用陈述句形式加以描述。另外在课题尚未正式研究之前，就将结论性的话语作为课题题

目是不合适的，那些用疑问形式的大多是非正规的论文题目，用来吸引读者的眼球。

4. 不能只有范围没有问题

好的课题题目要小，但要有深度和厚度。很多题目只有“范围”而没有“问题”，如“课程改革研究”“课堂教学的艺术”“语文教学中的阅读理解研究”“素质教育研究”等，都不是好的课题题目，因为这些题目本身没有“问题”，只有“范围”。

5. 要避免道德或伦理上的价值判断

教育研究是一种具有价值取向的活动，研究题目的文字描述要求避免价值判断，采取价值中立，如“中小学教师敬业精神低落原因的调查”，这个研究题目暗示着教师敬业精神否定性的价值判断。我们可以将这样的研究题目改为中性的、不具价值判断的题目“中小学教师敬业精神及其影响因素的调查”。实际上，这两个研究题目的实施过程，即要做的事可能都一样，但后一个题目表述更恰当，更像一个研究课题。

第二节　基础教育研究动态

对近几年我国教育理论和实践方面进行梳理发现，立德树人是基础教育发展与改革的主题，具体涉及招生制度、核心素养、乡村教师、师生减负、劳动教育、教育公平等多个研究热点。本节选取“核心素养”“校园欺凌”等两个近年来教育热点问题进行综述，为选题提供参考。

一、核心素养

（一）背景

随着全球化、信息化时代的来临，国力竞争开始加剧，以经济发展为核心，致力于公民素养的提升，已成为世界各国面对的共同主题。那么，现代公民应该具备哪些最基本、最重要的知识、能力与情感态度，才能更好地促进个人自我价值的实现？如何更有效地培育公民的这些知识、能力与情感态度？这些问题已进一步转化为当下世界各国基础教育课程中无法规避的核心问题。21 世纪培养的学生应该具备哪些最基本、最重要的知识、能力与情感态度？怎样才能更有效地培养学生使其具备这些知识、能力和情感态度？针对这一问题，自进入 21 世纪以来，世界各国包括一些重要的国际组织都纷纷启动了对学生“核心素养”的研究，并在此基础上开启了新一轮基础教育课程改革。

作为课程改革的 DNA，“核心素养”概念的产生并非偶然，它根植于传统的以“能力为本”的教育改革历史中。20 世纪 60 年代后期，美国、英国、澳大利亚等发达国家，先后掀起了以“能力为本”的教育改革。80 年代后期，各国或地区又启动了以“标准为本”的教育改革，以保障最基本的基础教育质量。然而，随着时代的变迁，人们的“能力观”在逐渐地发展，基于传统基本素养而发展起来的能力标准的局限性渐渐地暴露，传统的知识与技能目标显然无法囊括新时代对学生学习结果的期待与要求。因此，基础的知识技能目标在各国的教育目标中逐渐发展为“掌握核心内容、培养态度倾向、运用整合推理”或“知识、能力、态度情感”三者的整合统一。显然，“能力”的概念已经无法代表新时期的教育目标了，这也就催生了“核心素养”这一概念①。

教育部 2014 年 3 月印发的《关于全面深化课程改革 落实立德树人根本任务的意见》（以下简称《意见》）中，5 次提到“核心素养”或“核心素养体系”，具体要求研究制订“各学段学生发展核心素养体系”，并在“修订课程方案和课程标准”时“依据学生发展核心素养体系，进一步明确各学段、各学科具体的育人目标和任务”。自此，“核心素养”便成了我国基础教育界的新热点，而各学段、各学科“核心素养”体系建构与培养策略等问题也需要广大一线学科教师的积极应对。

（二）含义

关于核心素养的概念仍在讨论中。《意见》认为，核心素养是学生适应终

① 左璜 . 基础教育课程改革的国际趋势：走向核心素养为本 [J]. 课程 · 教材 · 教法，2016（2）：39-46.

身发展和社会发展需要的必备品格和关键能力。

一般认为，“核心素养”就是在一定时期，能够帮助个体实现自我、成功生活与融入社会的必备品格和关键能力。以下是专家们对核心素养的认识。

林崇德认为，核心素养是学生在接受相应学段的教育过程中，逐步形成的适应个人终身发展和社会发展需要的必备品格和关键能力①。

成尚荣认为，“核心素养之‘核心’应当是基础，是起着奠基作用的品格和能力。是‘核心’的基础性决定着核心素养的内涵、重点和发生作用的方式。因此，完全可以说，核心素养就是基础性素养。”②

褚宏启指出，我国基础教育领域最热的词就是“核心素养”。“核心素养”这个概念不是中国本土率先提出的。他认为核心素养与核心素质并没有本质区别，把核心素养叫作核心素质也无不可，甚至把“素养”“素质”通俗地叫作“本领”“本事”也无不可③。

张华认为，核心素养是人适应信息时代和知识社会的需要，解决复杂问题和适应不可预测情景的高级能力与人性能力。④

崔允漷认为，核心素养不是一个种概念，而是一个类概念，其实质是从学生结果的角度界定未来社会所需要的人才形象⑤。

（三）构成

2013 年 5 月，受教育部基础教育二司委托，由北京师范大学林崇德教授牵头组织，北京师范大学、华南师范大学、河南大学、山东师范大学、辽宁师范大学共同承担了“我国基础教育和高等教育阶段学生核心素养总体框架研究”。该项目组共组织了 48 场访谈，涉及 575 位专家，于 2016 年首次正式发布《中国学生发展核心素养》。该稿指出，研制中国学生核心素养发展，根本出发点是全面贯彻党的教育方针，践行社会主义核心价值观，落实

① 林崇德 . 对未来基础教育的几点思考 [J]. 课程 · 教材 · 教法，2016（3）：3-10.

② 成尚荣 . 基础性：学生核心素养之“核心”[J]. 人民教育，2015（7）：24-25.

③ 褚宏启 . 核心素养与国民素质 [J]. 中小学管理，2016（5）：60.

④ 施久铭 . 核心素养：为了培养“全面发展的人”[J]. 人民教育，2014（10）：13-15.

⑤ 崔允漷 . 追问“核心素养”[J]. 全球教育展望，2016（5）：3-10，20.

立德树人根本任务，突出强调社会责任感、创新精神和实践能力，促进学生全面发展，使之成为中国特色社会主义合格建设者和可靠接班人。学生发展核心素养，是指学生应具备的、能够适应终身发展和社会发展需要的必备品格和关键能力，综合表现为九大素养，具体为社会责任、国家认同、国际理解、人文底蕴、科学精神、审美情趣、学会学习、身心健康、实践创新，如表 5-1 所示。

表 5-1　学生发展核心素养体系（征求意见稿）

序号	一级指标	二级指标	重点要求
1	社会责任	诚信友善	重点是自尊自律，诚实守信；文明礼貌，宽和待人；孝亲敬长，有感恩之心；热心公益和志愿服务等
2		合作担当	重点是积极参与社会活动，具有团队合作精神；对自我和他人负责；履行公民义务，行使公民权利，维护社会公正等
3		法治信仰	重点是尊崇法治，敬畏法律；明辨是非，具有规则与法治意识；依法律己、依法行事、依法维权；崇尚自由平等，坚持公平正义等
4		生态意识	重点是热爱并尊重自然，与自然和谐相处；保护环境，节约资源，具有绿色生活方式；具有可持续发展理念和行动等
5	国家认同	国家意识	重点是了解国情历史，维护民族团结、社会稳定和国家统一；热爱祖国，认同国民身份，对祖国有强烈的归属感；自觉捍卫国家尊严和利益等
6		政治认同	重点是热爱中国共产党；理解、接受并自觉践行社会主义核心价值观；具有中国特色社会主义共同理想，有为实现中华民族伟大复兴中国梦而不懈奋斗的信念和行动等
7		文化自信	重点是了解中华文明形成的历史进程；承认和尊重中华民族的优秀文明成果；理解、欣赏、弘扬中华优秀传统文化和社会主义先进文化等
8	国际理解	全球视野	重点是具有开放的心态；了解人类文明进程和世界发展动态；关注人类面临的全球性挑战，理解人类命运共同体的内涵与价值等
9		尊重差异	重点是了解世界不同文化；理解、尊重和包容文化的多样性和差异性；积极参与多元文化交流等
10	人文底蕴	人文积淀	重点是积累古今中外人文领域基本知识和成果；掌握人文思想中所蕴含的认识方法和实践方法等
11		人文情怀	重点是以人为本，尊重、维护人的尊严和价值；关切人的生存、发展和幸福等
12	科学精神	崇尚真知	重点是学习科学技术知识和成果；掌握基本的科学方法；有真理面前人人平等的意识等
13		理性思维	重点是尊重事实和证据，有实证意识和严谨的求知态度；理性务实，逻辑清晰，能运用科学的思维方式认识事物、解决问题、规范行为等

（续表）

序号	一级指标	二级指标	重点要求
14	科学精神	勇于探究	重点是有百折不挠的探索精神；能够提出问题、形成假设，并通过科学方法检验求证、得出结论等
15	审美情趣	感悟鉴赏	重点是学习艺术知识、技能与方法；具有发现、感知、欣赏、评价美的意识和基本能力；具有健康的审美价值取向；懂得珍惜美好事物等
16		创意表达	重点是具有艺术表达和创意表现的兴趣和意识；具有生成和创造美的能力；能在生活中拓展和升华美，提升生活品质等
17	学会学习	乐学善学	重点是有积极的学习态度和浓厚的学习兴趣；有良好的学习习惯；能自主学习，注重合作；具有终身学习的意识等
18		勤于反思	重点是对自己的学习状态有清楚的了解；能够根据不同情境和自身实际，选择合理有效的学习策略和方法等
19		数字学习	重点是具有信息意识；有数字化生存能力；主动适应“互联网+”等社会信息化趋势等
20	身心健康	珍爱生命	重点是理解生命意义和人生价值；具有安全意识与自我保护能力；掌握适合自身的运动方法和技能，养成健康的行为习惯和生活方式等
21		健全人格	重点是能调节和管理自己的情绪；有积极的心理品质，自信自爱，坚韧乐观；积极交往，有效互动，建立和维持良好的人际关系等
22		适性发展	重点是能正确判断与评估自我；依据自身个性和潜质选择适合的发展方向；有计划、高效地分配和使用时间与精力；具有达成目标的持续行动力等
23	实践创新	热爱劳动	重点是具有积极的劳动态度；广泛参加各种形式的家务劳动、生产劳动、公益活动和社会实践；具有动手操作能力等
24		批判质疑	重点是具有好奇心和想象力，敢于质疑；善于提出新观点、新方法、新设想，并进行理性分析，作出独立判断等
25		问题解决	重点是善于发现和提出问题；有解决问题的兴趣和热情；能依据特定情境和具体条件，选择制订合理解决方案；具有创客意识，能将创新理念生活化、实践化等

该稿发布后，引起社会高度关注和讨论。面对该版核心素养体系，诸宏启教授认为，核心素养不是面面俱到的全面素养，而是在诸多素养中居于核心地位的“关键少数”素养。《中国学生发展核心素养》的意见中列出的25个素养，更像是学生“综合”素质或者素养，所列的素养在数量上偏多，没有充分反映“核心”素质的要旨，建议在修改完善时进一步聚焦于“关键素养”和“核心素养”。如果核心素养清单是不分轻重、面面俱到的，那么，其实质上所提出的就不是“核心素养”了。在比较、概括国内外诸多核心素养清单的基础上，褚宏启教授结合我国实际，尝试列出我国国民（包括学生）

的核心素养清单。具备这些素养，或许能让我们“走遍全球都不怕”。

第一，创新能力。其中包括个体要具有创新意识和创新精神；能提出与众不同的想法；能自己或者与他人一起分析、评估、修正新想法；尝试以新的方式做事，把有创意的想法付诸行动，并对实践改进作出实际贡献；理解创新的长期性、艰巨性和复杂性，把失误和错误作为学习的好机会，不怕失败，勇于探索。

第二，批判性思维。其中包括个体能运用归纳推理、演绎推理进行有效率的思考；把握整体各部分进行系统思维；有效分析、评估、比较各种证据和观点，在审慎解释和分析的基础上得出结论；批判性地反思学习、工作和经验的流程，并持续改进；识别问题，分析问题，并运用常规性或者创新性的方法解决问题。简言之，批判性思维是高级思维素养，是科学精神的集中体现。

第三，合作能力。其中包括个体能积极参与社会公共事务，具有社会责任感，追求社会正义，履行公民义务，具有民主精神和民主能力，建设性地参与到各种层次的民主决策中去；善于进行团队合作，优质高效地在团队中工作，并通过创新性的想法和行为展现出个人领导力；具有灵活性，富有建设性，必要时通过妥协达成共识，求同存异，合作实现共同目标。可见，合作能力中至少包含着社会层面上的“公民素养”和组织层面上的“团队合作能力”两方面。

第四，交流能力。具体包括个体能针对不同的目的（如激励、谈判、指导等），清晰明确地表达自己的想法；能够聆听并理解他人的观点，是一个好的倾听者；能够换位思考，尊重、包容他人（本国或者他国）思想观点和价值观的多样性；能运用口头、书面、多媒体技术和其他方式进行沟通；能在不同环境中、不同文化背景下进行沟通（跨文化交流与国际交流）。

第五，信息素养。其中包括个体能高效地获取信息，能合理地、批判性地甄别信息，能准确地使用信息并创造性地解决问题；能有效利用科技手段，选择恰当的媒体工具，创作媒体作品，有效传播和沟通信息，转变学习、生活和工作方式，提高效率。

第六，自我管理能力。这是一种“把握自己人生”的素养，是一个人主体性的典型表现，主要包括个体能明了自己的优势与不足，了解外部的机遇与挑战，确定合适的未来目标；具有主动性，做好目标管理和时间管理，有效平衡长期目标和短期目标、处理好战略和战术的关系，并具有较强的适应性与灵活性，与时俱进，因时而化；能不断反思、终身学习，持续改进提升个人素养，创造性地解决人生中的各种疑难问题。

当然，诸宏启认为核心素养还可以再浓缩，可以是四个，即创新能力、批判性思维、合作能力、交流能力。还可以是一个，即反思或创新[①]。

经过为期半年的修订完善，在2016年9月，北京师范大学举行了中国学生发展核心素养研究成果发布会。这项历时三年权威出炉的研究成果，对学生发展核心素养的内涵、表现、落实途径等进行详细阐释。核心素养的出炉对今后的课程标准修订、课程建设、学生评价等具有重要的引导作用。

本版《中国学生发展核心素养》，以科学性、时代性和民族性为基本原则，以培养“全面发展的人”为核心，分为文化基础、自主发展、社会参与3个方面。综合表现为人文底蕴、科学精神、学会学习、健康生活、责任担当、实践创新6种素养，具体细化为国家认同等18个基本要点。根据这一总体框架，可针对学生年龄特点进一步提出各学段学生的具体表现要求，见表5-2。

表5-2　中国学生发展核心素养框架

序号	3个方面	6种核心素养	18个基本要点	具体内涵
1	文化基础	人文底蕴	人文积淀	具有古今中外人文领域基本知识和成果的积累；能理解和掌握人文思想中所蕴含的认识方法和实践方法等
2			人文情怀	具有以人为本的意识，尊重、维护人的尊严和价值；能关切人的生存、发展和幸福等
3			审美情趣	具有艺术知识、技能与方法的积累；能理解和尊重文化艺术的多样性，具有发现、感知、欣赏、评价美的意识和基本能力；具有健康的审美价值取向；具有艺术表达和创意表现的兴趣和意识，能在生活中拓展和升华美等
4		科学精神	理性思维	崇尚真知，能理解和掌握基本的科学原理和方法；尊重事实和证据，有实证意识和严谨的求知态度；逻辑清晰，能运用科学的思维方式认识事物、解决问题、指导行为等

① 褚宏启．核心素养与国民素质[J]．中小学管理，2016（6）：57.

（续表）

序号	3 个方面	6 种核心素养	18 个基本要点	具体内涵
5	文化基础	科学精神	批判质疑	具有问题意识；能独立思考、独立判断；思维缜密，能多角度、辩证地分析问题，作出选择和决定等
6			勇于探究	具有好奇心和想象力；能不畏困难，有坚持不懈的探索精神；能大胆尝试，积极寻求有效的问题解决方法等
7	自主发展	学会学习	乐学善学	能正确认识和理解学习的价值，具有积极的学习态度和浓厚的学习兴趣；能养成良好的学习习惯，掌握适合自身的学习方法；能自主学习，具有终身学习的意识和能力等
8			勤于反思	具有对自己的学习状态进行审视的意识和习惯，善于总结经验；能够根据不同情境和自身实际，选择或调整学习策略和方法等
9			信息意识	能自觉、有效地获取、评估、鉴别、使用信息；具有数字化生存能力，主动适应“互联网＋”等社会信息化发展趋势；具有网络伦理道德与信息安全意识等
10		健康生活	珍爱生命	理解生命意义和人生价值；具有安全意识与自我保护能力；掌握适合自身的运动方法和技能，养成健康文明的行为习惯和生活方式等
11			健全人格	具有积极的心理品质，自信自爱，坚韧乐观；有自制力，能调节和管理自己的情绪，具有抗挫折能力等
12			自我管理	能正确认识与评估自我；依据自身个性和潜质选择适合的发展方向；合理分配和使用时间与精力；具有达成目标的持续行动力等
13	社会参与	责任担当	社会责任	自尊自律，文明礼貌，诚信友善，宽和待人；孝亲敬长，有感恩之心；热心公益和志愿服务，敬业奉献，具有团队意识和互助精神；能主动作为，履职尽责，对自我和他人负责；能明辨是非，具有规则与法治意识，积极履行公民义务，理性行使公民权利；崇尚自由平等，能维护社会公平正义；热爱并尊重自然，具有绿色生活方式和可持续发展理念及行动等
14			国家认同	具有国家意识，了解国情历史，认同国民身份，能自觉捍卫国家主权、尊严和利益；具有文化自信，尊重中华民族的优秀文明成果，能传播弘扬中华优秀传统文化和社会主义先进文化；了解中国共

（续表）

序号	3个方面	6种核心素养	18个基本要点	具体内涵
14	社会参与	责任担当	国家认同	产党的历史和光荣传统，具有热爱党、拥护党的意识和行动；理解、接受并自觉践行社会主义核心价值观，具有中国特色社会主义共同理想，有为实现中华民族伟大复兴中国梦而不懈奋斗的信念和行动
15			国际理解	具有全球意识和开放的心态，了解人类文明进程和世界发展动态；能尊重世界多元文化的多样性和差异性，积极参与跨文化交流；关注人类面临的全球性挑战，理解人类命运共同体的内涵与价值等
16		实践创新	劳动意识	尊重劳动，具有积极的劳动态度和良好的劳动习惯；具有动手操作能力，掌握一定的劳动技能；在主动参加的家务劳动、生产劳动、公益活动和社会实践中，具有改进和创新劳动方式、提高劳动效率的意识；具有通过诚实合法劳动创造成功生活的意识和行动等
17			问题解决	善于发现和提出问题，有解决问题的兴趣和热情；能依据特定情境和具体条件，选择制订合理的解决方案；具有在复杂环境中行动的能力等
18			技术应用	理解技术与人类文明的有机联系，具有学习掌握技术的兴趣和意愿；具有工程思维，能将创意和方案转化为有形物品或对已有物品进行改进与优化等

（四）国际参考

21世纪初，各国都开始思考：在21世纪，一个正在经历全球化变革的信息时代，哪些知识和技能才是学习者和劳动力应具备的“21世纪素养”①？

美国P21是一个成立于2002的非营利组织，致力于推动所有的学习者掌握“21世纪核心技能”。它的创始机构包括国际教育协会、美国教育部、苹果公司、思科系统、时代华纳、戴尔电脑、微软公司等。P21虽然是一个全球性的组织，但其活动主要是在美国。它认为21世纪的核心素养主要分学习和创新、数字素养、职业和生活技能3个方面12种核心素养（如图5-5所示）。

① 美国、欧盟、芬兰、中国对21世纪核心素养的探索[EB/OL].（2018-12-13）[2019-03-27]. https://www.sohu.com/a/281495494_100134151.

P21（Partnership for 21st Century Learning）的21世纪核心素养

学习和创新	数字素养	职业和生活技能
批判性思维和问题解决	信息素养	灵活性和适应性
创造力和创新	媒体素养	主动性与进取心
交流能力	信息科技素养	跨文化社交能力
合作能力		生产力和可靠性
		领导力和责任感

图 5-5　美国 21 世纪核心素养

如果说美国的 P21 更关注 21 世纪的职场需要，那么欧盟研究得出的 21 世纪核心素养，则更关注于终身学习。为了给欧盟各国提供教育政策制定和课程改革的参考框架，欧盟在 2005 年发布了《终身学习核心素养：欧洲参考框架》（如图 5-6 所示）。

《终身学习核心素养：欧洲参考框架》（2006）

母语交流能力	外语交流能力
数学素养与科技素养	数字素养
学会学习	社会与公民素养
主动性和企业家精神	文化意识和表达

图 5-6　欧盟核心素养

这份文件提出核心素养旨在促进自我实现和发展，养成积极的公民素养，加强融入社会和就业。文件提出，核心素养是知识技能和态度的组合，8 项核心素养之间相互重叠交叉，又相互支持。比如第 1、2 点可能就与后面的第 8 点有交叉。8 项核心素养同等重要，都有助于在知识社会中获得成功的人生。

2014 年，芬兰的国家教育委员会完成了全国核心课程改革规划，这份新课纲在 2016 年于全芬兰正式实施（如图 5-7 所示）。

芬兰新课纲总目标（2014）

思考与学习的能力	文化识读、互动与表述能力
自我照顾、日常生活技能与保护自身安全的能力	多元识读（multi-literacy）
数字素养	工作生活能力与创业精神
参与、影响并为可持续的未来负责	

图 5-7　芬兰核心素养

（五）实施

落实是关键，如何将核心素养转化到学生身上是一项亟待破解的重大课题。《光明日报》2015 年 12 月 8 日刊载了一篇由钟启泉进行访谈的报道，题目是《核心素养如何转化为学生素质》。采访的嘉宾有中国教育学会副会长、国有督学张绪培同志，华东师范大学课程与教学研究所所长崔允漷教授，学大教育个性化研究院副院长朱晋丽和福建省厦门双十中学校长、书记陈文强。这种由理论专家和一线实践专家组成的访谈，具有较强的代表性。

访谈中，张绪培同志认为，核心素养要通过学科核心素养的落实转化为学生的素质。素质教育应反映在整个学校的教育教学之中，学科专家做的第一件事情就是思考：这门学科在孩子身上能够产生哪些变化？对孩子的素养有哪些贡献？并且以此为纲，选择教育内容，确定教学要求。教育目标一定要从追求分数转到育人为本上，转到立德树人上。那种以追求分数为目的牺牲孩子的健康和志趣的教育必须改变。

崔允漷教授认为，教育部《关于全面深化课程改革落实立德树人根本任务的意见》提出的核心素养体系，就是希望在基础教育阶段把国家的教育方针具体化，系统地描述出小学生、初中生、高中生的毕业形象，为进一步的课程设计提供方向或路径。落实“双基”是课程目标 1.0 版，三维目标是 2.0

版，核心素养就是 3.0 版。核心素养尽管在不同国家用词不一，但都是在回答“培养什么样的人才能让他顺利地在 21 世纪生存、生活与发展”的问题。核心素养不是我们通常所说的解题能力，也不是指能做某一件生活小事，而是指个体在未来面对不确定的情境时所表现出来的真实问题解决能力与必备品格，它们是通过系统的学习而习得的，是关键的、共同的素养，具有连续性与阶段性。我们设计课程的时候，需要将上述育人目标进行分解，需要具体化，否则就会成为口号。

将课程目标定位在核心素养上必然面临知识到素养、课程观的深刻转变。

陈文强校长结合学校的做法，从课程角度进行了提炼。一是调整课程结构。学校重点是开展校本课程建设，把众多校本课程整合为：品德与价值观、生命与健康、语言与文学、人文与社会、科学与探究、信息与技术、艺术与审美七大领域。二是丰富课程内容。2006 年以来，学校持续建设绿色校园、书香校园、文化校园、智慧校园，并全面开发各领域的延伸型、发展型、研究型、创新型等课程，动、静、雅、趣，这些素养型课程适应学生身心特点、爱好特长，提供多样选择，进而满足学生差异性需要。在此基础上，学校团委、学生会开展体验类、探究类、实践类、服务类等社团活动、社区服务，让学生从学习者向组织者、活动者、探究者、实践者转变，磨炼意志、陶冶情操，增强社会责任感和人生幸福感，促进知识、能力转化为素养，并促进素养的进阶、提升。三是推进学科融合。以学生的素养不断进阶提升为目标，打破学科界限、融通各学科知识，贯通价值观、思维力和创造力，充分尊重学生个性，并借此激发学生志趣，引导学生制订生涯规划，形成自我修持、自我完善、自我超越的终身学习能力与习惯，培养跨学科、跨领域人才成长的核心素养。

朱晋丽院长从操作层面谈了个人看法。他们学院有一套完善的个性化分析诊断系统，通过对学生智力因素、非智力因素、学习风格、学习方法和学科漏洞进行测评，形成综合性的诊断报告，老师结合报告为学生制订一套完整的个性化学习成长方案，然后根据方案分阶段进行个性化辅导。在有的放矢的前提下，学生进步比较快，就会有比较强的成就感，当他有了成就感，慢慢地就建立起了信心。

二、校园欺凌

（一）背景

随着网络媒体的快速发展，越来越多的学校欺凌事件被曝光。很多调查揭示出的实施欺凌或者被欺凌的学生的数量让人感到吃惊，校园欺凌现象已经进入众多研究者的视野。2015 年 11 月 7 日，教育科学研究杂志社庆祝建社 25 周年，联合班主任杂志社与北京教育科学研究院班主任研究中心在北京共同举办了以“学校欺凌问题及其干预”为主题的第一届《教育科学研究》学术论坛，与会代表分别来自北京师范大学、华东师范大学、西南大学、南京师范大学、华中科技大学、武汉大学、广州大学等高校，中国教育科学研究院、北京教育科学研究院、北京市部分区县教科所（教师进修学校）等教育研究机构，《教育科学研究》编辑部、北京师范大学出版社等出版单位以及教育部基础教育一司副司长俞伟跃出席会议并作大会报告。该论坛对校园欺凌问题进行了全面探讨①。

校园欺凌的系统研究于 20 世纪 70 年代末已经开始，到 20 世纪 80、90 年代有了蓬勃发展。西方发达国家对这个问题的研究已达 30 余年，我国的相关研究也有 10 余年。

（二）含义

欺凌，也称欺负、欺侮，即学生遭受与自己有某种关系的同校或外校学生心理、身体上的攻击，从而造成精神痛苦的事件。

有人认为，校园欺凌概括来说是指以直接或间接的方式，由一个或多个学生集中持续地故意伤害或破坏某个或某些学生的财物、身体和心理等，造成受欺凌学生肉体上和精神上痛苦的行为②。

也有人认为，从教育的角度宜把“校园欺负”与“校园暴力”“校园犯

① 李秀萍．学校欺负问题及其干预对策：第一届《教育科学研究》学术论坛综述 [J]. 教育科学研究，2016（1）：76-80.

② 章恩友，陈胜．中小学校园欺凌现象的心理学思考 [J]. 中国教育学刊，2016（11）：13-17.

罪”区分开来，称得上“校园暴力”和“校园犯罪”的行为就不应再以“欺凌”相称。校园欺凌还没有严重到“暴力”或“犯罪”的地步。把达到暴力或犯罪程度的行为轻描淡写地称作“欺凌”，不但会淡化其严重性，也会对教育提出过分的要求。教育并非万能，用教育措施去反抗暴力和犯罪，其作用相当有限。在反校园欺凌方面，教育倒是大有可为。校园里减少甚至消除了欺凌现象，自然就有效地防止了更严重的暴力和犯罪行为的发生，但不能因此就要求教育直接承担起反抗暴力和犯罪的责任。

不管概念如何争论，校园欺凌的特征主要表现为伤害性、不均衡性、重复发生性，这正成为共识。伤害性是指欺凌行为给被欺凌者带来伤害并且被欺凌者能感知到欺凌者的攻击行为；不均衡性是指欺凌者与被欺凌者在力量上差距悬殊；重复发生性是指欺凌者对被欺凌者的欺凌行为经常发生。

（三）类型

根据不同方式，可以有不同的欺凌类型①。

1. 根据欺凌者的特点，可以划分为五种：一是以“大”欺“小”，表现为高年级的欺凌低年级的、年龄大的欺凌年龄小的、身材高大的欺凌身材矮小的等；二是以“众”欺“寡”，表现为人多欺凌人少，欺凌者与被欺凌者相比有着数量上的优势；三是以“优”欺“差”，表现为成绩优秀的学生欺凌学习成绩差的学生；四是以“强”凌“弱”，表现为身体强壮的欺凌身体弱小的、身体健康的欺凌身有残疾的、家庭有一定关系背景的欺凌家庭无关系背景的等；五是以“富”欺“贫”，表现为家庭条件较好的欺凌家庭条件较差的等。

2. 依据学校欺凌行为造成的伤害程度，将学校欺凌划分为涉嫌违背纪律的学校欺凌、涉嫌违背道德的学校欺凌、涉嫌违背一般法律的学校欺凌和涉嫌犯罪的学校欺凌等四种类型。

3. 依据校园欺凌行为的发生场所，可划分为校内欺凌和校外欺凌两大类。校内欺凌可分为教室内的欺凌、操场上的欺凌、宿舍内的欺凌和就餐场所的欺凌等；校外欺凌可分为上下学途中的欺凌、家庭周边的欺凌或社区环境中的欺凌等。

① 程斯辉，李汉学．学校欺负类型及其应对策略 [J]. 教育科学研究，2016（2）：6-11.

4. 依据学校欺凌行为表现的方式，将学校欺凌区分为传统型欺凌与非传统型欺凌。传统型欺凌主要是指现实世界中的欺凌，其主要表现为学生之间身体或语言的直接攻击性行为。如中小学生直接运用肢体或用语言对同学进行暴力殴打或辱骂的行为就属于传统型的欺凌行为。非传统欺凌是一种表现在网络世界中的欺凌。当前，学生间利用电子邮件、微信、网络贴吧、网络论坛等网络媒介平台中伤、攻击和污蔑他人的行为多属于非传统型的欺凌行为。

5. 依据学校欺凌参与者性别，将学校欺凌划分为男生之间的欺凌、女生之间的欺凌、男女生之间的欺凌等。近些年，根据网络报道，女生欺凌现象逐渐增多。

6. 依据学校欺凌行为的参与者所属学段，将学校欺凌划分为高中阶段的学校欺凌、初中阶段的学校欺凌、小学阶段的学校欺凌以及多学段混合参与的学校欺凌等类型。

7. 依据学校欺凌是否有旁观者在场，将学校欺凌划分为有旁观者在场的学校欺凌、无旁观者在场的学校欺凌。

（四）原因

1. 从社会角度来看，学者们指出，社会环境失范、媒体不当宣传、家庭结构变迁、青少年社会化主体缺失等，都是学校欺凌行为发生的诱因。整个社会的急功近利、追求效率，使人们忽略了生活的意义，一旦青少年用自己的方式生存，就会出现问题。

2. 从学校教育环境来看，学校育人环境单一、成绩至上及教师对学生缺乏关爱等，都会引发学生心理焦虑，进而引发其心理对抗，导致学生的心理障碍和暴力倾向。有学者分析了班级管理中的微观现象，如个别教师用“家富贵则生优”的思维方式选择班委、让成绩好的学生优先选择座位等做法，无意中会助长青少年的特权意识，不利于学生的成长。

3. 从法律角度审视学校欺凌现象，得到了不少学者的关注和认同。有学者指出，校园欺凌行为不仅是道德品行教育和心理健康教育应关注的问题，也应成为未成年人法律保护层面关注的问题。解决学校欺凌事件，最突出的问题是有关未成年人的特殊权益保护与法律责任不对称。由于未成年人（特别是未满 14 周岁者）拥有法定的超出一般公民之外的特殊权利，无意中保护了部分学生的“欺侮特权”，滋长了部分家长的“特权意识”，削弱了班主任的“教育权力”①。

（五）对策

1. 国内对策

由于学校欺凌产生的原因比较复杂，因此，无欺凌的校园更多是一种理想期待，但作为教育者，应该努力创设适合每个学生成长的环境，尽量消除校园欺凌事件。对于如何应对学校欺凌问题，学者们基本持以下三种观点。

第一种是发展论。有代表认为，应该用发展的视角而非治理、预防的视角来看待学校欺凌，教师应培养学生人际交往能力以及应对学生之间冲突的能力，促进学生之间和谐相处。尤其对于低年级学生来讲，他们没有真正的欺凌概念，在反欺凌教育中尽可能不用成人建构的“欺凌”概念。引导学生学会沟通，学会交往，学会解决问题和矛盾，学会关心，学会体谅，这些最为日常的教育本身就是最有效的反欺凌教育。有代表指出，目前研究者更多关注的是师生关系的研究，而生生关系的研究应引起人们进一步的关注和深入研究。

第二种是预防论。代表们认为，研究者要关注欺凌发生后的解决，但更应采取积极举措预防此类现象的出现。有代表从社会变革的角度，关注到家庭流动、家庭变故导致随迁儿童、留守儿童、单亲或者家庭变故儿童欺凌和被欺凌的概率增加，建议关注这部分群体学生的身心状况。有学者基于马斯洛需要层次理论以及欺凌者自身成长过程中满足感缺乏的分析，提出家庭以及学校要给予青少年更多的人文关怀，让每个学生都能够悦纳自己。有学者指出，学校应开发学生管理信息系统，及时记录并统计学生行为，以便尽早识别学生的厌学倾向、欺凌倾向等。有学者从青少年早期欺凌参与角色的视角出发，认为要从更广的同伴群体背景入手，打破欺凌者的“同伴联盟”，使欺凌行为失去滋生土壤。有学者从生态学的视角，主张改变学生与家长的关系、学生与教师的关系、学生与学校的关系，减少学业竞争，减轻学业压力，以有效预防欺凌。有学者从学校管理的角度，提出严格纪律约束，有效监管

---

① 李秀萍．学校欺负问题及其干预对策：第一届《教育科学研究》学术论坛综述 [J]. 教育科学研究，2016（1）：76-80.

操场等管理死角，从而更好地消除欺凌。有学者认为，应加强班集体建设，努力营造互助友爱氛围，订立学校公约或班级公约，对学生进行不做欺凌者和围观者的教育。有代表建议可以尝试学生自我管理，建立公正团体小组，以防范这类事件的发生。有学者提出，有必要制订《反校园欺凌北京宣言》，制订相应新生手册，对学生做好反欺凌指导。有学者介绍了建立青少年模拟法庭、加强法制教育、“教师妈妈”关爱留守儿童、学校驻派社工提供帮助等地方经验。有学者指出，应该开发交际交往校本课程；探索开展学校社会工作，经由专业社会工作者运用社会工作的理论、方法与技术，为正规或非正规教育体系中的全体学生特别是处境困难的学生提供专业的服务；建议修订《未成年人保护法》相关条款，增加“反校园欺凌教育”的内容，为了惩戒校园欺凌行为，应该降低刑事责任年龄起点。

第三种是干预论。有学者基于处置校园欺凌行为过程中的法律缺位现象，提出应制定学校法、学生法和家庭教育法等实体法律文件，同时考虑介于民事诉讼法、行政诉讼法和刑事诉讼法之间的学校法律事件仲裁的程序法；班主任要掌握法律知识，在妥善处理相关事件的同时要学会固定证据。有学者指出，教育问题不是教育内部的问题，要形成相关责任主体分工治理、利益相关者共同治理、以政府统筹为主的综合治理模式。有学者建议，对于被欺凌者，要建立积极的心理干预机制，关注被欺凌者的心理发展。有学者提出，要建立校园欺凌的程序化处理，包括早期预警、及时上报、事中处理以及事后心理干预等全方位机制；建立校园欺凌综合治理办公室，按照“整体设计、分步推进、综合治理、预防为主”和“预防、教育、惩戒相结合，教育为主”的原则，对校园欺凌治理提出意见，最终实现依法治理的目标。学者们高度认同把育人放在首位的应对举措。但是，鉴于欺凌事件产生原因的复杂性，如何把握教育以及法律惩戒的尺度，既能促进学生的发展，又能给欺凌者一定的惩戒效应？如何超越解决问题的方法，关注青少年的人格和心灵健康成长？以上应对策略更多基于理论阐述或者经验探索，还缺乏实证研究支持，这都需要后续的研究[①]。

---

① 李秀萍 . 学校欺负问题及其干预对策：第一届《教育科学研究》学术论坛综述 [J]. 教育科学研究，2016（1）：76-80.

2. 国外经验

（1）挪威

开展校园欺凌实拍，鼓励学校对校园欺凌采取全校范围的干预措施，如制订课堂规则，对学生行为进行限制，组建教师职业发展小组，与学生开展有关同辈关系与行为的班会活动，为欺凌者、受害者及其家长提供心理咨询等。挪威的《反欺凌宣言》，号召国家、地方政府以及家长和教师团体加入尽快根除校园欺凌现象的行动中。

（2）澳大利亚

建立政府支持的组织和网站。如“反欺凌网络组织”和“澳大利亚无欺凌计划”，以帮助学校了解欺凌现象。将每年 3 月的第三个星期五命名为国家“反欺凌日”。为学校制定相关政策，提供教师培训的指导大纲。澳大利亚政府通过增进师生们对社会正义问题的理解来解决校园欺凌问题。其理论依据是：只要认识到骚扰、折磨与自己不同的人是错的，那么欺凌问题就得到解决了。

（3）以色列

以色列为解决校园欺凌问题采取了一系列措施，其中要求学校建立全校范围的反欺凌政策，并对在职教职员工进行培训。以色列还为正在进行的调查和研究提供支持，以求寻找到个性化的解决办法。调查发现，欺凌现象发生最多的是在放学后的走廊和厕所，或教师监控不力的时间段。很多学校采取的办法很简单，如增加警力、保证照明、让父母接送孩子、休息时间在走廊上安排更多教师等。

（4）美国

在美国，校园暴力被称为“欺凌（bullying)”。校园欺凌在初中（六到八年级）阶段最严重，高中时逐渐减少，但依然存在，是中学普遍存在的问题。学校对“欺凌”十分重视，每年开学时，会培训教师如何处理欺凌事件，发给指导材料。对学生也会有预防性的教育，告知他们学校的有关规章。美国马萨诸塞州联邦众议院颁布了《反欺凌法案》（2011 年），实施全面的反欺凌政策。

（5）日本

日本文部科学省加强了对教师进行有关校园欺凌的培训，增加了合格学校辅导员和护理员的数量，以帮助学生处理各种问题；同时，允许学校对那些给同学带来身体或心理伤害的学生停课，并为此制订了更加明晰的指导原则和程序。2013 年，日本颁布了《防止欺凌对策推进法》。

（6）韩国

针对越来越严重的中小学校园暴力，韩国教育部早在 2007 年 2 月已宣布向一些中小学生提供免费“警卫服务”，让其免受校园暴力。“警卫”工作，除了警察之外，还动员民间保安公司的保安、体育馆协会等人员来承担。只要学生向学校或教育厅提出身边保护申请，政府就会安排“警卫”到学校或特定地点保护学生。据韩国教育部统计，2007 年一年已向 1 600 名学生提供了这类服务。但一些家长和教师则对此表示担心，认为“警卫服务”会令受害学生变得孤立。针对这种担心，韩国教育部表示，警卫人员将为求助学生提供暗中保护。

（六）问题与展望

虽然学校欺凌普遍存在于各种文化背景中，但欺凌问题与社会文化环境密切相关。在不同文化背景和价值体系中，导致欺凌发生的因素之间的相互作用机制会有明显差异，因此，必须开展本土化研究。有学者分析了当前国内研究欺凌问题的现状，指出：从研究方法上看，多采用问卷调查法、访谈调查法、同伴评定法、参与观察法，但从教育调查的数量来看，专门针对学校欺凌的调查极少，而且针对欺凌的调查中，抽样调查多、全面调查少；个案研究多、实证调查少。从研究视角上看，心理学、教育学、跨文化研究居多。个案研究中，泛泛议论多、深入分析少；原因分析中，泛概念分析多、精准深入分析少，多元化社会融合研究方法与研究视角缺失。从研究内容上看，核心问题尚未探讨，本土化干预策略尚少，社会支持系统缺席。总体而言，关于学校欺凌的理论和现状研究相对松散。对于学校欺凌问题的研究，未来走向应该是怎样的？有学者指出，应该开展理论研究，对学校欺凌现象进行国际比较、历史及社会、心理学、教育学、生态学、政策学及法学研究；开展实证研究，对学校欺凌现象进行调查研究、个案研究、数据库建设研究等；开展对策研究，对学校欺凌现象进行制度和机制研究、预防和干预研究以及辅导教育研究等[①]。

思考与行动：

1. 选题的来源和方法有哪些？
2. 根据当前基础教育研究热点，请自拟几个研究题目。

① 李秀萍 . 学校欺负问题及其干预对策：第一届《教育科学研究》学术论坛综述 [J]. 教育科学研究，2016（1）：76-80.

第六章　申报研究课题

第一节　课题概述

苏联著名教育家苏霍姆林斯基认为，如果想让教师的劳动能够给教师一些乐趣，使天天上课不致变成单调乏味的义务，那就应当引导每一位教师走上从事研究的这条幸福的道路上来。中小学教师的成长离不开教育教学研究，教育教学研究尽管形式多样，但最基本、最广泛的是通过申报课题寻求解决问题的方法，提升教育教学质量。

一、课题的概念

（一）含义

关于“课题”这个概念，我们先从工具书的解释来认识一下。

1.《辞海》对“课题”条目的注释。研究或讨论的主要问题或亟待解决的重大事项：科研课题[①]。《现代汉语词典》的解释也与之相同。

2.《应用写作大百科》的注释。即科研课题，科学研究或技术研究中力求获得结果的具体问题。在科学研究工作中，根据一定的研究目的，把复杂的研究对象分解成为若干方面、若干层次的课题，才能组织人员承担每一项具体的研究工作。分解研究对象可以运用“课题树”的方法进行。“树”的概念是从图论中借用来的。树的根基是指较大的课题，向外伸展出若干树枝状的

① 辞海编辑委员会 . 辞海 [M]. 上海：上海辞书出版社，1979：863.

单元，是次一级的课题；从每个低一级的课题再向外伸展出若干新的树枝状的单元，以此类推下去，就形成了一个倒置的树状图形，称之为“课题树”。“课题树”是一个合乎逻辑的概念划分体系，表达了课题的多级性。课题的多级性质，反映了科学研究的复杂性，帮助人们将大的研究对象划分成若干个小的课题，以便分工协作①。

3.《写作艺术大辞典》的注释。学术研究或技术探讨的主要问题及亟待解决的重大事项，学术论文写作的核心内容。具有客观性，不可任意加进主观的思想。按其类别，约有五种：（1）探求未知的课题。具有开创性，是前人未曾涉足或虽曾涉足而成果不多的课题。此类课题具有科学的前沿性，学术意义重大，富有科学价值。（2）充实已知的课题。对已知科学成果作进一步探索与补充，使其更加丰富与完善。（3）学术讨论课题。或对某种理论及学说提出不同认识，或对某些技术或工艺问题表示异议，相互辩难，探求科学真理。（4）综合阐述课题。对某种理论、某项技术或某个科研项目作综合的评价，总结其已取得的成果，探讨其疑难问题的症结所在，指出突破门径，预示未来的发展；（5）科学普及课题。用通俗易懂的语言介绍科学技术知识，不似科学论文的艰深，也不像科技应用文重视实用，具有深入浅出、短小精悍、新鲜活泼等特点②。

4. 百度百科的注释。所谓课题，指要研究、解决的问题，所以课题背景就是指该问题是在什么情况或条件下产生的，课题研究有什么意义。

不管是传统的词典辞书，还是现代网络百科，对“课题”的注释都强调了“问题”的属性。问题既可以是重大的，也可以是一般的，还可以是急切需要解决的，而且问题可以根据内容或范围大小分成不同层次，如宏观问题、中观问题、微观问题等。当然，《写作艺术大辞典》认为课题具有客观性，不可任意加进主观的思想，这一说法值得商榷。因为我们不能用自然科学的课题属性硬性规定人文社会科学的课题属性，人文社会科学经常使用的思辨研究方法也是非常严谨的，只要将定性与定量研究方法很好地结合起来使用，不管是哪个领域的课题，都可以得出科学的结论。

---

① 刘建明，张明根 . 应用写作大百科 [M]. 北京：中央民族大学出版社，1994：411.

② 阎景翰 . 写作艺术大辞典 [M]. 西安：陕西人民出版社，1990：1213.

（二）研究课题与研究项目

课题，是人们从事研究前人或同时代的人还未认识或解决的问题，它具有较为单一而又独立的特征，如："两种不同教学方法对提高学生学习能力的效果比较""克服中学生学习焦虑情绪的实验""高三学生的职业心理调查""大班幼儿自理能力培养""教师素质与岗位培训相关研究"等都属于研究内容相对具体、独立的课题。

研究项目，是指事物分成的门类，或者说是由若干个彼此有联系的课题所组成的一个较为复杂的、带有综合性的科研问题，如："学校教育综合改革实验研究"就应称为科研项目，而不应称为课题。这个项目可以包含以下一些课题：综合改革实验的目标、评价研究，幼小、小中衔接研究，课程、教材以及学校与家庭社会教育的沟通和联系研究等。

总之，项目包括课题，项目为解决问题，课题为解决问题想办法。课题为项目寻找办法，项目以此办法完成任务。

此外，还有人认为，课题，尤其是理工方面的课题，往往称为"科技项目"。从这里可以看出，科技项目，一般都需要通过实验来证实某些猜想，取得发明创造上的成果；理工方面的课题一般也需要这个环节，所以大家都把理工方面的课题称为科技项目。正是因为这个因素，理工方面的课题研究所需经费也比其他课题要多。但是人文、艺术等方面的课题，因为它们不需要利用数理知识来进行研究、实验，因此也就不能称之为科技项目。

（三）研究课题的类型和特点

1. 课题类型

我国到目前所形成的各级各类课题，从不同角度可以划分为不同种类的课题。

（1）按照课题的立项单位可划分为：国家级课题、省级课题、地市级课题、区县级课题和校本课题。其实课题本身是没有级别区分的，因为科学研究不能分三六九等。但在现实中，当人们把课题作为科研成果，在进行某些评定时，往往把课题依行政管理级别分为了若干等级。像科研论文一样，刊发论文的杂志社本身是没有什么级别划分的，但我们在评定职称时常常按照杂志的主管单位的级别，将论文划分为国家级、省级、地市级等，从这种意义上说，国家级课题，就是课题的主管单位为国家级的教育、科研、文化等主管部门。大体上包括：国家自然科学基金项目、全国哲学社会科学规划项目、全国教育科学规划课题、全国艺术科学规划课题、全国军事科学规划课题。科技部“十三五”科技计划有：国家科技重大专项、国家重点研发计划、技术创新引领计划、基地和人才专项（863 计划、973 计划属于科技部“十二五”科技计划）。

（2）按照课题研究的规模可划分为：规划课题、微型课题（小课题、个人课题）。微型课题（小课题）研究是普通教师进行课题研究的一种普适性的方式，正确地认识它的特点，能够使我们更好地开展课题研究。“问题即课题，教学即研究，成长即成果”这组标语式的定义高度概括了小课题在选题、研究、结题方面的特性。

规划性课题研究特性与小课题研究特性基本相反，此处不再赘述。

（3）按照课题研究的方式可划分为：实践研究课题、理论研究课题、综合研究课题。实践研究课题与理论研究课题是相对而言的，两者主要体现为研究目的、研究成果和研究方法的不同。前者主要是为了直面现实问题，多采用实验、观察、实地调查、访谈等研究方法，形成解决问题的实施方案、模型设计、工作制度等，也可以称之为应用性研究课题。后者主要立足现实但不全部为了解决现实问题，主要成果体现为研究报告、论著等文献性资料，研究方法多为思辨性研究方法。综合研究课题即兼具前两者特性的课题，可以是直面问题，经过研究形成应用型理论成果，也可以从个人研究兴趣爱好和优势出发，探索或提出能解决普遍问题的研究成果。

（4）按照课题研究所处国家五年规划的阶段可以划分为：规划性课题与临时性课题。规划性课题是指相应课题主管部门在国民经济和社会发展五年计划期间根据国家发展需求所规划出来的课题。比如教育部全国教育科学规划领导小组办公室每年会根据教育规划发展定期组织一批全国教育科学规划课题。而临时性课题主要是课题主管部门根据国家或单位特定需要，临时组织的课题。

（5）按照课题方向可划分为：纵向课题与横向课题。纵向课题主要由国家政府或政府委托相关机构组织申报的课题，如国家社科基金课题、教育部人文社科课题、省教育科学规划课题等（表 6-1）；横向科研项目是指由其他政府部门（含国家部委、省市部门）、企事业单位、公司、团体或个人委托教学科研单位或教师进行研究或协作研究的各类课题，包括国际间企业合作项目。

除上述常见的划分角度外，还有其他的一些划分。如按照课题拨付经费的标准可分为重大课题、重点课题、一般课题；按照课题是否拨付经费分为指令性课题、指导性课题、自筹性课题；按照课题负责人的年龄层次分为青年课题、常规课题；按照国家地域发展政策导向分为西部课题、常规课题；按照学科知识分类标准分为自然科学课题、工程技术课程、人文社会科学课题、哲学社会科学课题、教育科学课题、艺术科学课题等。

上述分类相互联系，密不可分。如第 5 项分类中的纵向课题包括第 1 种分类，第 1 种分类又包含其他分类内容。

表 6-1　各类纵向课题申报与结项验收时间安排

序号	课题名称	立项单位	申报时间	结项时间
1	国家自然科学基金项目	国家自然科学基金委	12—1 月	按预定研究计划
2	国家社科基金项目	全国哲学社会科学规划办公室	12—1 月	
3	全国教育科学规划课题	教育部	2—3 月	
4	全国艺术科学规划项目课题	文化和旅游部	1—2 月	
5	教育部人文社会科学研究项目	教育部	1 月	按预定研究计划
6	河北省自然科学基金项目	河北省自然基金委	5—6 月	按预定研究计划
7	河北省科技计划项目	河北省科技厅	6—7 月	按预定研究计划
8	河北省高新技术领域省科技计划项目	河北省科技厅	1—7 月	
9	河北省科技厅自筹经费项目	河北省科技厅	11—12 月	按预定研究计划
10	河北省社会科学基金项目	河北省哲学社会科学规划办	1—3 月	每年 1 月 15—20 日、6 月 1—5 日
11	河北省社会发展研究课题	河北省社科联	2—3 月	每年 5 月、11 月
12	河北省社会发展研究课题（民生调研）	河北省社科联	2—3 月	每年 5 月、11 月
13	河北省社会科学重要学术著作出版资助项目	河北省社科联	3—4 月	每年 6 月
14	河北省社会科学普及读物出版资助项目	河北省社科联	3 月	每年 6 月

（续表）

序号	课题名称	立项单位	申报时间	结项时间
15	河北省高等学校科学研究项目	河北省教育厅	11—12 月	人文社科类每年 6 月、12 月，自然科学类按预定研究计划
16	河北省教育科学研究规划课题	河北省教育科学规划办	4 月、7 月、10 月	按预定研究计划
17	河北省文化艺术科学规划项目	河北省文化和旅游厅	8—9 月	
18	衡水市社会科学研究课题	衡水市社科联	2—3 月	每年 12 月中下旬
19	衡水市科学技术研究与发展计划项目	衡水市科技局	11—1 月	按预定研究计划
20	衡水市科技计划自筹经费项目	衡水市科技局	12 月	按预定研究计划
21	衡水市教育科学规划课题	衡水市教育科学规划办		按预定研究计划

国家社会科学基金项目：重点支持关系经济社会发展全局的哲学社会科学重要理论和现实问题研究，课题成果要能代表国家水平的哲学社会科学研究成果。资助经费 10 万—20 万元。

国家艺术基金项目：面向全国公开招标。着力推出具有重大学术创新价值和文化传承意义的标志性研究成果。每年约 10 个招标选题。资助经费一般为每项 60 万—80 万元。

全国教育科学规划课题：教育科学中的基础研究、应用研究、综合研究及其他研究。从国家社会科学基金中单列出来。资助经费每项 10 万—20 万元。全国教育科学规划课题隶属于全国哲学社会科学规划课题，其所资助的科研基金都由全国哲学社会科学基金会拨付。

全国哲学社会科学规划课题除了将教育科学单列为独立学科外，还将艺术科学、军事科学单列为独立学科。其他人文、社会学科的课题都直接由全国哲学社会科学规划基金会管理。国家自然科学、理工方面的课题由国家自然科学基金会管理。全国教育科学规划作为国家社会科学基金的单列学科，是我国教育类研究项目的权威品牌，对教育研究的发展起着导向和示范作用。对规划课题成果的鉴定分析，在一定程度上是对我国教育研究实力的检阅。

教育部人文社科项目：人文社会科学研究。项目需结合国家经济社会发展需要及学科发展需要而展开，分规划基金项目、青年基金项目和专项任务项目。资助经费每项约 5 万—10 万元。

2. 课题特点

（1）理论和实践结合，知行互动，知行合一。一线工作者的课题，多从工作实践中的问题出发，更多需要从理论高度来分析问题产生的原因，探寻解决问题的系列举措；专家学者的课题，多从思想理论出发，更多需要将这些思想理论运用到具体的工作实践中去。

（2）课题研究是有组织的学术活动。当下的课题研究都是由某个单位组织进行的，即便是纯属个人爱好的课题，也需要同事、同学的支持，也需要研究对象，比如教师的课题研究，研究对象是学生，常常需要学生共同参与。因此，课题研究就是一种科学共同体、学术共同体、学习共同体、课业共同体的活动。正是因为课题研究的这种特性，使得课题研究成果及其呈现方式比学术论文要丰富得多，影响也要大。

（3）课题是兴趣爱好所在，是优势发展所在。除那些委托性的课题研究外，课题研究的本真就是在自己所喜爱的、所擅长的领域，开辟出一条长期发展、可持续发展之路，这样的课题才会有永恒的生命价值，才能对课题研究者，对所属行业、专业，对社会发展发挥重要作用。

二、评审过程和标准

1. 课题评审过程

将完成的课题论证报告送交有关组织部门后，研究者在进行项目申请方面的工作就基本结束了，只需耐心等待评审结果。

评审时间依课题资助机构和评审程序的不同而有长有短，长则一年左右，短则两三个月。学校、研究机构自己资助的课题，因评审程序相对简单、工作量小，故评审时间较短；而国家、部委级的项目，因涉及面广、评审程序复杂、工作量大，所以评审时间一般较长。

对于学校、研究机构自行组织的课题申请，评审程序较简单，一般经由学校或研究室来组织专家进行评审。而对于国家、部委级的课题申请，评审程序相对复杂些，一般要经过学校（或研究室、所）、省市课题主管部门、全国有关专家等三级或四级进行评审。

有的资助机构对各单位申报研究课题的数量是没有限制的，只要满足有关条件的研究者都可申报，如国家自然科学基金、高等学校哲学社会科学博士学位点专项科研基金，有的则对各单位申报课题的数量有所限制，如各省社科基金项、霍英东教育基金会高等院校青年教师基金等。对于后者，一般都要通过多级评审，逐级择优汰劣。

课题申请通过学校、有关研究所的评审并被送交有关科研管理部门、基金会后，他们通常先进行形式审查，即主要对课题的格式要求、申报人信息规避等规范性进行审核，只有形式审核通过后才能送交专家进行评审。然后再采用通信评审的方法对形式审查合格的众多课题进行评审，即将一式多份课题申请分别寄给该方面的若干专家，请他们按照有关标准进行逐项评价、打分并写出是否同意立项和资助的意见，然后将评审结果寄回。在收到各位专家的评审意见后，课题组织管理机构将评审结果进行汇总，计算总分，并独立地或与有关专家、顾问委员会成员一起综合考虑其他有关因素，如课题在不同地区、不同科研单位的分布等，作出择优资助有关项目的最终决定。

由此可见，目前课题评审普遍采用的是同行专家评议与科研管理部门决策相结合的方法。评议通常采用评分法，同行专家的评议为课题资助决策提供依据，管理部门则根据评议结果进行研究，最后确定资助项目。某些资助机构在评审过程中除对研究者提交的课题申请书进行评审外，还可能组织有关专家对研究者特别是青年研究者进行面试，让其进行口头论证并回答专家们的有关质疑，由此进一步了解研究者的素质和有关课题的一些情况。如国家自然科学基金委员会青年科学基金就有此项要求。

河北省教育科学规划课题的评审过程是每个课题发给三个评审专家，如果三个专家的评阅结果都是通过，则通过；如果两个通过，一个不通过，待定；都不通过，直接淘汰。最后根据立项数量，不足的部分再从两个通过中评选。

2. 课题评审标准

各级各类课题的评审标准大体相似，现以河北省社科基金课题为例，做一大致介绍。

（1）选题（30%）

选题是整个课题的题眼和灵魂，在某种程度上决定着能否立项，因此要特别注意选题新颖、大小适中、紧扣指南。

如何做到选题新颖？大致可以从三个方面努力：一是内容新，研究内容可以是当前的热点问题，如核心素养、走班制、新高考等，也可以守正创新，从已有的研究内容中发现新的思想、方法等；二是方法新，方法新不一定非要创造出一种新的研究方法，可以是几种方法的综合运用，也可以用不同的研究方法研究同一个问题。如曾国藩研究，人们多运用历史法对曾国藩的人生发展进行研究，若我们能改变研究方法，运用社会学、心理学研究方法进行研究，则会实现又一种不同的研究效果；三是角度新，当前的教学改革研究，教师普遍从如何教的角度进行研究，鲜有从学生如何学的角度进行研究，因此，如果我们转变研究视角，从学生如何学的角度研究，就是很好的选题。

如何看待题目大小适中？题目大小适中一方面与课题申请的级别有关，如“某县中小学教师队伍素质评价标准研究”选题则不适合申报国家和省级课题，相对偏小；另一方面必须是申报者能够驾驭的，如“素质教育研究”，一般人不能驾驭，需要拥有很多教育资源的人来研究；此外还有题目本身表述问题，如“‘一带一路’背景下某校英语教学方法研究”，就是帽子太大、头太小，前后不协调。

如何紧扣指南？指南是具有引领性、方向性的菜单，是课题管理机构所期望解决的问题。因此，最好从课题指南中选题。

（2）论证（50%）

论证是课题申报填写的主体部分，也是评委专家主要评价的依据。论证内容要做到逻辑清楚，层次分明，按照要求填写。如国内外研究动态是否掌握，目标是否明确，研究内容是否充实，研究思路、方法是否明确合理，可行性是否强等，都是影响课题能否获准立项的重要因素，详细内容在本章第二节中介绍。

（3）研究基础（20%）

研究基础是判别申报者是否具备承担课题的实力的主要依据。同等条件下有着较好研究基础的申报者获准立项的可能性要更大，研究基础中所列成果一定要与本课题具有相关性，无关的成果反而会画蛇添足，前期成果过少或列述虽多但太不相关甚至无关均不利于申报。参考文献的列举要有代表性、多样性、时效性。

第二节　申报书填写

一、填写内容

教育科学规划课题在中小学教师从事的研究中具有代表性。本节以河北省教育科学规划课题评审书为例进行介绍。河北省教育科学规划课题评审书主要包括封面信息、主持人基本信息、课题研究参研人员信息、负责人和课题组成员近三年来取得的与本课题有关的研究成果、负责人和课题组成员“十三五”规划以来承担的研究课题、课题设计论证、预期研究成果、经费、推荐人意见、课题负责人所在单位意见等。

第一部分：封面。其上一般印有课题论证报告的全称，如“河北省教育科学‘十四五’规划课题申请评审书”。它标明了课题的名称、所属学科范围等，同时要求填写学科门类、课题名称、申请者姓名、所在工作单位、申请日期。

第二部分：说明。封面后的第二页通常印有填报说明，对填写、报送课题申请书提出要求，并对有关课题的填写或本基金的有关情况作出特殊的说明。

第三部分：研究人员信息。内容主要包括课题名称、类型、预期成果、完成时间等信息。此外，主要信息是主持人和参研人员的姓名、性别、民族、年龄、学历、职务、工作单位等有关信息，负责人和课题组成员近三年来取得的与本课题有关的研究成果，负责人和课题组成员“十三五”规划以来承担的研究课题等信息。

第四部分：课题设计论证。这是课题申报的主体部分。内容包括选题的意义和价值、省内外同类研究现状述评、本课题的创新程度；研究目标、内容、思路（包括研究视角、研究方法、研究阶段等）；已取得的相关研究成果；课题负责人和主要成员曾完成哪些重要研究课题；科研成果的社会评价；完成课题研究的保证条件：课题组人员的学术背景和人员结构；研究时间、经费、设备、资料等条件几个部分。

第五部分：预期研究成果。包括主要阶段性成果和最终成果。

第六部分：课题经费预算。内容包括课题申请资助总金额、年度拨款数、有无其他经费来源、各项具体科研费用支出预算，如科研业务费、实验材料费、仪器设备费、实验室改装费、差旅费、会议费等以及计算根据及理由。此部分一般还附有专门的填写说明，对各种费用的含义、使用等作出解释、限定，供填表者参阅。

第七部分：所在单位学术委员会、领导的审核意见。即对课题申请者的业务素质、独立研究能力，本申请书各项内容的真实性、经费预算的合理性、单位能否提供有关研究条件等签署具体意见。

最后，如果申报人不具备职称要求，需要有两名推荐人的推荐意见，对申报者的专业水平、研究能力作出中肯的评价。

以上七部分就是课题论证报告通常包括的一些基本内容。当然，不同的课题论证报告在各部分的编排顺序上、组合方式上、详略程度上可能有所不同、有所侧重。有的还可能因基金会的特殊性而特设了一些项目要求申请者填写。

二、填报技巧

填报技巧，并不是有些人认为的填报秘籍，其实就是填报论证内容过程中应该注意的事项或提醒，让广大申报者避免走弯路甚至走错路，为成功申报奠定基础。我们根据多年的科研经历，归纳了一下，从填报态度、填报形式和填报内容三个方面予以阐述。

（一）填报态度

1. 如实填报，严禁东抄西凑

教育科学研究本身是一项非常严肃而且有创新性、挑战性的活动，不是一般性的工作小结，更不是应付上级检查的材料。因此，从事教育科学研究，首先需要有端正严肃的态度和思想认识，才能做出好的研究成果。

2. 不漏不偏，严格按要求填写

填报申报书信息量较大，需要认真客观填报。尤其对填写说明部分内容要认真领会，要对照各部分具体内容和要求填写，如字数、排版格式等要求。填报完毕后要从头到尾检查几遍，修改其中的错别字，不通顺的句子和误用的标点，需要签字的地方一定要认真签字。

3. 精打细算，避免狮子大张口

课题申报中关于经费及使用问题一定要严肃对待，切不可夸大自己的研究费用，大大超出实际研究费用，这样容易给专家造成华而不实的印象。但是也不能为了得到立项而少写或不写费用，这样也会给评审专家造成没有研究价值的不好印象。因此一定要根据研究过程、研究方法的需要合理拟定研究经费。

（二）填报形式

1. 格式规范、排版美观、印刷讲究

申报书是课题组全体成员智慧与辛勤劳动的结晶，不仅要求内容填写清楚、逻辑性强、创新性强，而且在格式、排版、印刷上也要有讲究，这不仅是对评审专家的尊重，更是对自己的负责。

2. 字体大小、行间距适中

如果申报书没有特别要求的话，根据相关组织者的经验，建议活页用小四号或五号字，行距固定值 22—23 磅。

3. 信息无误、语句通顺、无错别字

凡是从事科学研究的人员，一般文化程度都比较高，因此，在申请书中绝不能出现错别字，这是申报课题非常忌讳的问题。

（三）填报内容

1. 国内外相关研究的学术史的梳理及研究动态，本课题相对于已有研究的独到的学术价值和应用价值

该部分内容将展示申请人对所申报课题的熟悉程度、研究深度、驾驭能力和独到见解予以充分重视。要阐述“哪些重要的人做过哪些重要的研究”“前人的研究有哪些不足”。撰写时请注意正面介绍为主，有述有评，评述结合，以评为主。梳理相关研究学术史及研究动态要全面、系统、深入，尽可能引用一流（知名）专家、一流（权威）杂志的近期成果。

2. 课题的研究对象、总体框架、重点难点、主要目标等

（1）抓住选题关键词，体现问题意识，确定研究边界。

（2）总框架及其各部分之间逻辑严密，层次合理。

（3）每一条目，建议先用一个主题句明确概括，再对其内容稍加阐述。

（4）建议不要用教材章节目录的方式表述，这种表述更适合申报后期资助项目。

3. 课题的研究思路、具体研究方法、研究计划和其他可行性等

定位准确，思路清晰。基础研究注重原创性和学术性；应用研究突出时效性和对策措施，有较强的决策参考价值；综合研究则要在交叉研究方面下功夫。只有定位准确，才能思路清晰。可以结合图表标示研究的逻辑路线或技术路线。

研究方法科学，研究计划可行。研究方法尽量具体、量化，拟定计划应凸显研究工作的科学性和可行性。根据研究内容设计和采用精细适用的研究方法；要结合研究内容详述方法如何在本研究中使用，不要堆砌罗列各种方法，或详细解释方法本身。

此部分中，很多申报者在研究思路和研究路线方面做得不尽如人意，下面予以重点介绍。

（1）研究思路

课题研究中一般都有研究思路的一栏，很多老师对此感到很困惑，不容易把握。其实，思路意指思考的条理脉络，通俗的解释就是做一件事心里想怎么做，即从头到尾的思考。下面具体谈谈怎么写好研究思路。

好的研究思路一是要扣题，二是要开阔，三是要清晰。扣题，就是要紧紧地把握住课题题目，不偏离这个题目研究的方向，也不要超出这个范围。要准确地朝着研究目标达成的方向。整个思路具有合理性，不扩大化。开阔，就是指研究思路要涵盖研究的内容，体现各项研究内容的先后顺序，基本要达到一一对应关系。而且要结合实际写具体一点，不要太抽象。通过研究思路的表述，把研究目标和内容串起来。清晰，就是研究思路应该体现研究的过程性和逻辑关系，让看的人，特别是评审专家明白研究的基本路径。先做什么，取得什么结果，再做什么等，一步步把研究工作的基本过程讲清楚。

（2）研究思路表述

研究思路一般采取“为了达到……（研究目标），首先……（采用什么方法做什么），其次……（采用什么方法做什么），最后……（采用什么方法做什么）”的表达方式，没必要分点写。研究思路也不要写太长，扼要说明就行。

研究思路一定要按研究目标的指向，紧密围绕研究内容来写，用关联词将研究内容串联起来，务必做到不遗漏研究内容、不新添研究内容。

一个常用的研究思路是：第一，在研究的前期进行哪个方面的理论研究和文献综述；第二，进行实证研究，调研什么并分析调研结果，建立事实依据；第三，进入探索阶段，根据前面的调研结果，提出新的对策并不断在哪个范围的实践中修正完善；第四，总结成果，用什么方法来检验并完善成果。

举例 1：在学校各科课堂教学中传承传统文化的实践研究

为了更全面地了解传统文化在学校课堂教学中的传承情况，本课题研究第一，将以实地调研为基础，了解当前学校各学科在课堂教学中传承传统文化的现状；第二，从实地调研中得出客观结论，分析两校区文化传承中出现的现象和问题，探究其深层次原因；第三，通过广泛的学术交流，以网络为手段，在比较借鉴全国各地中小学经验的基础上，结合经典成功案例，将大量存在的客观实际升华为精炼的理论，提出可行的对策；第四，将这些对策与策略应用于我们的课堂教学中，并不断完善；第五，通过访谈问卷或测试的形式了解研究的成效。

分析：这个研究思路表述结构清晰、逻辑性强。第一步“首先”和第二步“其次”是实地调研；第三步是借鉴经验、理论升华并提出对策；第四步是应用对策并修订完善；“最后”对现实应用实践成效进行检验。

举例 2：县域内推进农村义务教育校际均衡发展的战略研究

本课题在厘清目前有关农村义务教育均衡发展的理论成果和实践经验基础上，通过调查、访谈等方法，弄清县域内农村义务教育校际均衡发展的现状、问题及原因，在充分占有数据的基础上，提出促进县域内农村义务教育校际均衡发展的基本战略，从理论和实践两个层面为推进农村义务教育校际均衡发展提供支持。

分析：“理清目前有关农村义务教育均衡发展的理论成果和实践经验”体现了文献综述和理论研究；“通过调查、访谈等方法，弄清县域内农村义务教育校际均衡发展的现状、问题及原因”是进行实证研究，调研并分析调研结果，建立事实依据；“提出促进县域内农村义务教育校际均衡发展的基本战略”是进入探索阶段，提出新的体系。

举例 3：河北省中小学校长培训模式创新研究

为深入探索我省中小学校长培训模式，提升培训质量，本课题将从比较的视角，采用定量研究与定性研究相结合的研究方法，遵循理论联系实际的原则，有步骤、分阶段地开展研究工作。首先，进行文献整理，开展调查。主要任务是搜集相关外文文献，编制问卷，进行访谈；其次，在前期研究基础上，分析数据，开展理论研究。具体分析调研数据和整理文献，撰写发表阶段成果；最后，进行实践验证，对“学情分析，专题互动，影视辅助”培训模式进行理论论证并进行试点实践验证，发现和改进问题，形成有特色的培训模式。

分析：该课题采用现状调查—理论总结—实践验证的思路，较好地遵循了实践、理论、再实践的认识论路线，思路显得非常清晰、科学。

此外，填写研究思路最常见的误区是以研究内容、研究的措施取代了研究思路。

举例 4（反例）：提高政治课堂教学有效性——“六步导学法”与课堂观察法的探究及应用研究

学期初，我校在全体教师中开展了“六步导学法”下的集体备课及课堂观察法的学习，针对当前政治教师教育教学中存在的问题进行梳理归纳，提升形成了本科研课题。针对本课题，在组内深入地开展了以下讨论：（1）如何让“六步导学法”促进课堂教学；（2）集体备课，如何备；（3）如何让“六步导学法”下的课堂观察法促进课堂高效等。打算从以下几个方面具体实施：（1）找出“六步导学法”的误区；（2）规范集体备课的程序；（3）对课堂观察法进行数据分析；（4）集体备课与课堂观察法相结合，促进高效课堂。

分析：这段论述问题的缘起，讲述了研究的措施，有点像流水账，没有抓住核心环节来写，虽然有研究内容的表述但逻辑不够清晰，表达也不符合研究思路的一般要求。

（3）研究路线

有的课题比较复杂，简短的思路表达不够，那就要采取技术路线图的方式来补充。有的课题申请表中，本身就有技术路线的撰写要求。关于技术路线图，这里举一个实例，一目了然，非常清楚。

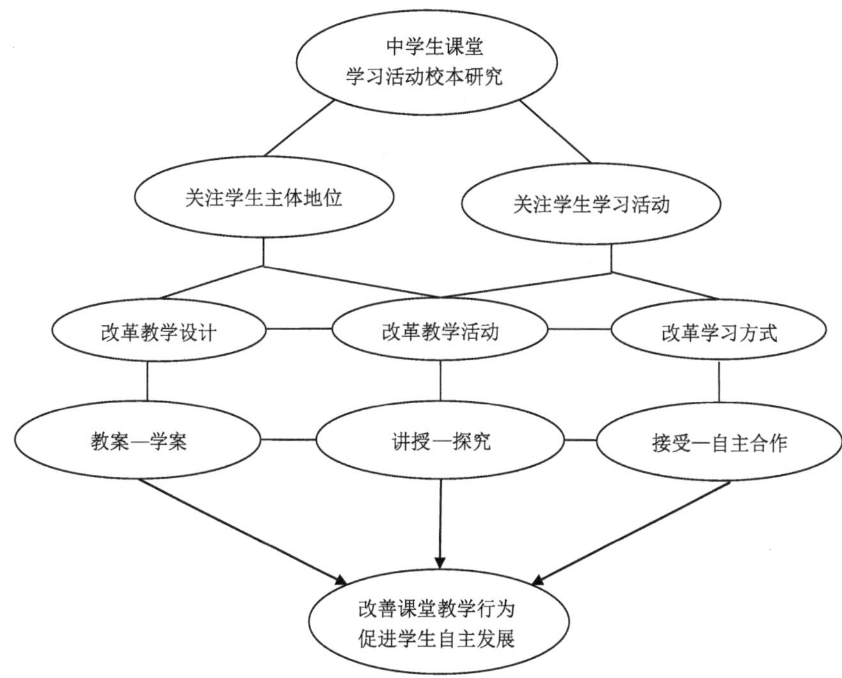

图 6-1　中学生课堂学习活动校本研究技术路线

4. 在学术思想、学术观点、研究方法等方面的特色和创新

创新与特色主要体现在是否涉及新观点、新领域、新问题、新方法、新角度、新材料、新论证等方面。其中，研究内容、思路方法、创新之处等三个内容是课题论证的主体部分，评价指标权重最高。

5. 成果形式、使用去向及预期社会效益等

成果形式主要有专著、论文集、研究报告，可以以其中一种作为最终成果申请鉴定和结项；其他还有译著、工具书、电脑软件等（一般与专著、工具书、电脑软件等成果相配合）。

6. 开展本课题研究的主要中外参考文献

（1）列出（最直接）相关的，最具权威性、代表性的国内外参考文献，尽量不遗漏。

（2）参考文献篇数没有数量限制，可自行限制，选择最有分量的，既体现研究实力，又避免占用太多字数，一般情况下以 20 条左右为宜。

（3）申请人的前期成果不可列入参考文献。

7. 研究基础

研究基础是体现申报者研究实力和水平的重要体现，但要特别注意前期成果与申报课题的相关性。前期成果过少，或列述虽多但不太相关甚至无关，均不利于申报。社会评价须提供社会客观评价材料，可提供获奖、被采纳、获重要批示、转摘、被引、书评等方面信息。

（四）其他应该注意的细节问题

1. 封面上学科分类不要写错；

2. 承诺书负责人要注意签名；

3. 课题题目要明确、具体，一般不要加副标题；

4. 关键词最好不要超过三个；

5. 成员都要签名；

6. 学位写已经取得的学位，如不能写“博士在读”；

7. 预期成果的字数不要写错，注意单位，如 2 万字，写成 20 千字，不要错写成 200 千字；

8. 计划完成时间避免出现常识性错误，如填写 6 月 31 日；

9. 经费预算单位是万元，容易被忽略；

10. 活页上题目经常性地被漏掉；

11. 活页上直接将评审书中的前期成果写入了课题，没有隐去作者信息。

思考与行动：

1. 适合中小学教师申报的课题有哪些？

2. 填报申报书的技巧除了本节所讲外，您认为还有哪些？

3. 根据本章知识，尝试填报河北省教育科学规划课题申请评审书。

第七章　课题研究实施

第一节　文献研究类课题实施

一、文献及检索

（一）文献

1. 文献含义

有参考价值的记录知识或保存信息的一切载体，包括一切印刷品和视听材料，如书籍、期刊、报纸、科技报告、学术会议论文、学位论文、科研通信和科技档案等，都属于文献范畴。

2. 文献种类

（1）根据文献的社会属性划分：政治文献、经济文献、军事文献、教育文献等。

（2）根据文献的加工程度划分：一次文献、二次文献、三次文献。

一次文献：未经加工的原始文献，如实验报告、会议记录、统计报表等。

二次文献：在原始文献基础上加工整理的文献，如文摘、索引、目录，即各种检索工具。

三次文献：对原始文献综合分析和研究后形成的文献，如综述文章。

（3）根据记录形态划分：印刷型（纸张）、非印刷型（如照片、录像、光盘、计算机和网络）和实物型（如校舍、遗迹、绘画、出土文物等）。

（4）按照文献公开化程度划分：公开发表文献和未公开发表文献。公开发表文献可以是在相关杂志或书籍中，正式首次发表，或在已发表的基础上，在其他文献杂志中全文转载或摘录式转载的文献。公开发表文献可以在索引文献中查找到，也可以在相关文章汇编或综述中寻找到文献的出处和部分内容。未公开发表文献主要是指没有正式在公开文献中发表的文献，包括国家文件、学校档案文献或私人文献等。

（二）文献检索

1. 文献检索渠道

文献信息源包括机构源、人员源和物体源。主渠道是图书馆，专门研究机构的资料室，大学中相关的系、所资料室，学术会议和个人交往等。

（1）机构源有教育主管部门、学校、教育科研机构、学术团体、图书馆、资料室、档案馆、出版机构、计算机网站，如北京图书馆、中国人民大学书报资料中心（社会科学文献收集的权威）、中国教育科研计算机网、中国数字化图书馆（CNKI）等。

（2）人员源指相应机构的工作人员。

（3）物体源有书籍、报刊、教育档案、计算机、网络等。

①书籍：专著、论文集、教科书、资料性工具书（字典、词典、辞典、百科全书、统计资料、年鉴、手册、大事记、传记资料、机构指南等）、科普读物。书籍类文献有较高的权威性和系统性，但由于出版时间周期，其中的信息也具有一定的滞后性。特别是教科书，往往是已有定论的研究内容，有争议的材料一般不涉及。

②报刊：报纸以刊登新闻和评论为主，现在很多报纸都出了电子版，检索比过去方便了很多。如《中国教育报》等，很多有教育专版。

③教育期刊：据有关统计，我国教育类期刊有上千种。教育期刊分为学术理论性期刊、情报性期刊、事业性期刊和普及性期刊。

④教育档案类文献：教育档案是在教育实践活动中直接形成的具有保存价值的原始文献资料，包括教育年鉴、学术会议文献、学位论文等。

此外，教育文献还包括校舍、遗迹、绘画、出土文物、歌谣等以形象和声音方式记录信息的非文字资料，通过视听手段传递信息，直接、精练、形象，要注意利用。

2. 文献检索方式

主要包括检索工具查找法和参考文献查找法。前者即利用已有的检索工具查找文献资料。现有检索工具包括手工检索工具（如目录卡片、目录索引和文摘）和计算机检索工具。随着计算机和互联网络的迅猛发展，计算机信息检索已日益成为重要的文献搜集方法。后者即根据作者文章和书后所列的参考文献目录去追踪查找有关文献。

3. 文献检索方法

文献检索大致包括顺查法、逆查法、抽查法、分段法和追溯法。

（1）顺查法。由远而近地顺年查找直到现在。

（2）逆查法。由近而远地逆时间顺序向后查找，多用于新课题研究的文献搜集。

（3）抽查法。选择某课题领域发展迅速、研究成果较多的时期进行重点检索，以节省时间。

（4）分段法。划定一段时间，查找这段时间内的文献。

（5）追溯法。利用综述或已掌握文献所附的引文注释和参考文献进行查找。

4. 文献检索途径

教育研究中常用的检索途径有分类、著者、关键词等。

（1）分类索引。以检索主题的分类号码为标目，按某种分类法的类目体系组织索引款目。

（2）著者索引。通过著者名称，找到相关主题的文献或著作。

（3）关键词索引。是直接从文献的题目或正文中抽出具有实际意义的语词作为索引款目的标识系统，其主要是查找原篇名中未经规范的关键词，而不是原文的主题。

另外，还有书名途径、主题途径等。

二、文献综述

文献综述一般包括文献阅读与文献整理两个部分。

（一）文献阅读

1. 文献阅读原则

（1）计划性原则：即应有一个具体的阅读计划；

（2）顺序性原则：即应遵循阅读的顺序；

（3）批判性原则：即应有科学的怀疑精神，用批判性眼光去看待已有成果；

（4）同时性原则：即文献搜集与文献阅读同时或交替进行。

2. 阅读方式

（1）浏览，快速地简单看一下文献大致内容，可以看摘要、章节目录或标题。

（2）精读：即精细深入的阅读。对重要的文章和书籍，要认真读、反复读，要逐字逐句地深入钻研，对重要的语句和章节所表达的思想内容还要做到透彻理解，以达到字求其训、句索其旨，将文献内容能用自己的话表达出来，即朱熹所说的“使其言皆若出于吾之口，使其意皆若出于吾之心”。

（3）泛读：相对精读而言，泛读是指广泛地阅读，获得大量相关信息的过程，意在追求对文献内容的整体把握理解，而不注重一些具体的信息，也不会逐字逐句地理解文章。

（二）文献整理

1. 文献的分类整理

文献的分类可以定性分类，如按时间、内容、理论和应用进行划分；也可以定量分类。整理的总体要求是：围绕主题，资料要经典、客观、新颖、科学。

2. 书目登记

对阅读过的文献都应做好完全并准确的书目登记，所有书目可按出版年份的先后顺序依次排列，有助于研究者在课题完成后编辑一份完整的参考文献目录。文献登记最好按照标准格式进行，与检索工具所录基本一致。一般标准的格式为：

（1）专著、论文集、学位论文、报告等文献

[序号] 主要责任者 . 文献题名 [M]. 出版地：出版者，出版年 .

[1] 裴娣娜 . 教育研究方法导论 [M]. 合肥：安徽教育出版社，1995.

（2）期刊文章

[序号] 主要责任者 . 文献题名 [J]. 刊名，年，卷（期）：起止页码 .

[1] 韩伏彬，董建梅 . 中小学教育家型校长述评 [J]. 中小学校长，2019（11）：3-7，17.

（3）网络信息

[序号] 主要责任者 . 文献题名 [EB/OL].（发布时间和更新时间）[引用时间]. 网址 .

[1] 王明亮 . 关于中国学术期刊标准化数据库系统工程的进展 [EB/OL].（1998-08-16）[1998-10-01]. http://www.cajcd.edu.cn/pub/wml.html.

3. 记录资料

一般有三种形式：提纲、摘录和摘要。

（1）提纲。提纲是用纲要的形式将文中论点或基本内容记下来，原文的摘要可以收编为文献的提纲。

（2）摘录。摘录是将需要直接引用的重要内容按原文抄写下来，要避免写作时误把别人的语言当作自己的来用，并注意摘录在自己的论文中所占比例不能太大。

（3）摘要。摘要是将切合自己研究所用的要点和内容以自己的语言简明扼要地记下来，一般包括以下内容：宗旨与假说、研究方法、结果或结论。

三、怎样写文献综述

在搜集、研读研究文献之后，研究者需要对一定时期内某一学科、某一专业或某一研究专题的发展历史、当前状况及发展趋势进行比较系统、全面的综合概括和评论，这就是文献综述。文献综述不仅具有总结既往、开辟未来、提出理论和指导新课题的重要作用，还因内容集中和系统的特点而大大节省了其他同行的精力和时间。

（一）文献综述类型

文献综述的类型大体可分为三类，即目录性综述、文摘性综述、分析性综述。

1. 目录性综述

按某一专题或某种共同特征将一定时段内出现的内容相似的原始文献题目加以综合描述。这种综述与题录相似，既不反映原始文献的质量，也不涉及作者的观点，只是就事论事地提供信息。如某人做过什么等。

2. 文摘性综述

文摘性综述是对文献探讨的问题进行综合描述。它所反映的内容比目录性综述要明确、具体，但对所含的信息不加分析和评论，只是把收集到的文献所论述的问题加以归类，分别描述。如在某个问题上，某人是怎样论述的，其他人又是怎样论述的等。文摘性综述是课题研究常用的综述形式。

3. 分析性综述

分析性综述是将原始文献中论及的内容加以归类、浓缩、综合、分析，并附有综述撰写者的见解和评论，甚至作出结论。这类综述要求高，难度大。撰写者除了大量占有资料、熟悉专业内容外，还要具备较高的分析能力和概括能力。这类综述本身就是一项创造性的研究成果。通常期刊上发表的“综述”“进展”“动态”“述评”等均属于分析性综述。

（二）文献综述要求

1. 文献综述基本框架

文献综述的格式和内容一般可粗略分为五部分：标题、提要、正文（历史发展、现状分析、趋向预测和建议）、结束语和参考文献。

2. 文献综述基本原则

收集文献客观、全面；材料与评论协调一致；针对性强；突出重点；适当使用统计图表；不能混淆文献中的观点和作者个人观点。

3. 引用处理

对定量研究，如实验和调查研究的文献综述可以引入被考察研究的结论及具体结果。定性研究，如人种学研究的文献综述则侧重于更综合、更广泛的概念，如可能会确定某些对资料搜集、资料分析有用的概念，已明确研究者进入该研究领域所凭借的概念框架。文献综述应表明有深入进行描述性研究的必要，或许某一现象尚未用定性方法加以研究，而事实上对其进行定性研究是合适的、有用的；如果曾有人用定性方法研究过该现象，则要指出其研究的空白与缺陷。

4. 文献综述目的

文献综述是对某个时期或某个专题的若干文献进行系统组织和叙述性概括。研究者写文献综述有两个目的：一是为自己的课题研究作铺垫，是研究准备阶段的重要一环。这时综述本身不是独立的文献，可能只是文献的一部分（属于绪论、引言部分）。它有助于进一步明确研究问题，形成研究假设，有助于合理制订研究计划，对研究具有导向作用；二是为他人提供有关信息，使别人能从中获得最新动态和进展的信息。这时综述本身就是一项研究成果，是独立的文献，常以论文的形式在期刊上发表。写综述也是体现研究者科研能力的一项基本功。

（三）文献综述步骤

1. 文献综述步骤

（1）确定主题。就是要明确撰写综述的目的，综述给谁看，解决什么问题。重点可放在“新”上，即收集新观点、新方法、新技术、新进展等；也可放在“争”上，即对有争议的观点、有分歧的理论进行介绍，加以综述；还可以放在“用”上，即介绍实践活动和经验，提供实例供大家参考。

（2）收集资料。综述的参考价值往往以参考文献的多少、新旧来衡量。一般新课题的综述，所引用的文献最好是近 5 年内的。用于发表的综述，参考文献要在 6—7 篇以上。

（3）研读文献。研读文献是文献综述的关键。通常先浏览，初步获得一个总体印象。在此基础上，认真研读重点文献，充分熟悉、理解、消化文献内容。研读文献还需要批判性地、创造性地阅读，读出文献的问题所在，并能从中产生新的思路、新的课题。

（4）撰写综述。根据写综述的目的，以及收集到的文献内容，确定分哪几个方面去写。论述的每个方面越明确越好，应尽可能包含最新的信息。

2. 文献综述的基本格式

文献综述的撰写可以有不同的写作形式，一般来说可以分为以下四个部分。

（1）引言部分。主要写背景材料、简史发展、现状分析、存在的问题，以及写综述的目的、意义和论述范围。

（2）主体部分。根据文献的具体情况可分几个问题论述，论述问题的多少要与引言部分呼应，如果某一部分内容特别多，不妨将它分成若干个小问题分别论述，以显条理。主体部分论述的问题要明确，如有不同学术见解，一般先说肯定的观点，后说否定的观点，要说明争论的焦点和到目前为止有无结论。重复的观点和方法可少引用或不引用，只需将重复的内容归类、提及即可。专业术语的翻译要尽可能规范统一，转述的语句要忠实原文，不要歪曲原作者的意思。

（3）结语部分。对主体部分作扼要小结，并提出还存在的问题和今后研究的方向或展望。这部分是带有总结性的字句，应恰如其分，尤其是对有争议的学术观点，叙述时要留有余地。

（4）参考文献部分。这部分要将所引用的文献全部列出。未发表的资料可在文中引用处注明，不再列入参考文献。参考文献的列出均有一定格式，应按要求排列。参考文献部分除了表明综述中资料有可靠来源外，也表示对原作者劳动的尊重，并且还为读者深入了解或探讨问题提供有关文献的线索，因此必须核对无误。

3. 文献综述写作应注意的几个问题

（1）搜集的文献应尽量全、尽量新。掌握全面、最新的文献资料是写好综述的前提。

（2）注意引用文献的代表性、可靠性和科学性。引用要忠实文献原文。

（3）参考文献不能省略，一般要求 10 篇以上，必须是作者直接阅读过的。

第二节　调查研究类课题实施

调查研究的目的在于科学地收集信息，通过信息整理、统计分析，反映事物的本质。其实施的关键技术有两个：确定研究对象，即合理抽样；编制调查提纲或问卷。

一、抽样

（一）抽样的概念

抽样就是从一个总体中抽取部分具有代表性的个体作为样本，然后用这一样本的结果去推断总体。抽样的基本原理如图 7-1 所示。

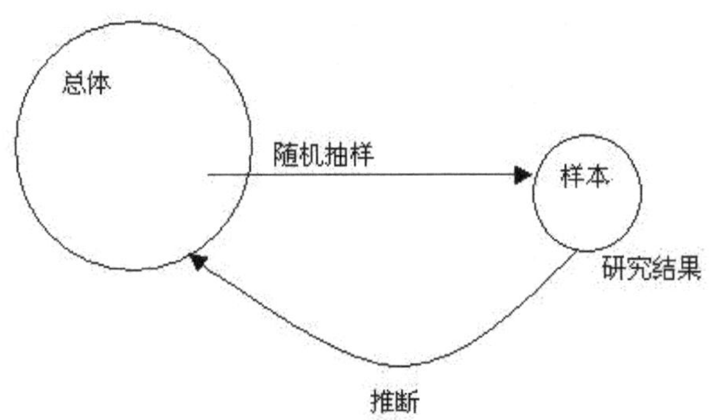

图 7-1　抽样基本原理示意图

抽样的作用是合理地减少研究对象，既可以节约人力、物力、时间，又可使研究力量相对集中，使研究工作深入、细致，从而提高研究的准确性和可靠性。

（二）抽样的基本要求

1. 明确总体范围

抽样首先要明确规定抽样的总体范围。如“衡水市区初中生身体素质的调查”这个课题的总体就是衡水市区全体初一至初三的中学生，不包括郊县的初中生，也不包括初中预备班的学生。

2. 抽样的随机化

抽样要尽可能做到随机。也就是说，总体中的每一个个体入选的机会均等。比如抽签、摇奖等随机性方式可避免研究者的主观倾向或人为因素造成的抽样偏差。

3. 样本的代表性

样本的代表性指样本应具备总体的性质或特征，样本能在较大程度上代表总体。样本的代表性会影响研究结论的可靠性和研究结论的推断程度。代表性越高的样本，其研究结果的普遍性就越大；反之，如果样本没有代表性往往会导致研究的失败。

4. 合理的样本容量

样本容量是指抽取样本的具体数量。一般来说，样本数越多，代表性越好，但不能无限地增大样本，增加研究的难度，造成不必要的浪费。如果样本太小，则抽样误差较大，样本不能代表总体，不利于统计分析。一般来说，样本容量大小取决于以下一些因素。

（1）研究的类型、范围。当研究是定量研究，研究范围较广，样本数量可适当大一些。

（2）统计分析的精确程度。当研究要求有较高的统计显著程度，具有较高的可信程度时，样本数量可多些；反之，则可少些。

（3）允许误差的大小。当研究允许的误差值小，要求的可信程度高，所需样本容量相应要大；反之，则可小些。表 7-1 表示当总体趋于无限大时，不同的允许误差和可信程度要求不同的样本数量。

表 7-1　允许误差和可信程度与样本容量关系表

允许误差	可信程度	
	95%	99%
1%	9 604	16 589
2%	2 401	4 147
3%	1 067	1 849
4%	600	1 037
5%	384	663
6%	267	461
7%	196	339

（4）总体的同质性。当总体的变异性比较大，变量的相关程度比较低，研究的条件控制不严格，样本数量可适当增加些；反之，当总体同质性比较好，变量的相关程度较高，研究条件控制严格，则可少些。

（5）测量工具的可靠程度。当测量工具的可靠程度比较低时，测量的误差就比较大，这时需要增大样本数量；反之，则可减少样本数量。

（6）研究的成本。研究的成本包括经费、时间、人力、物力，抽样数量要控制在研究成本允许的范围内。因此，确定样本容量时，必须仔细分析研究的条件，量体裁衣。

（7）分析的类别。当研究的关系复杂，分析的项目较多，那么样本数量可多些；反之，则可少些。

以上 7 个方面，可作为决定样本容量大小的参考依据，但这 7 个方面都是原则性的意见，下面根据实际经验提供一些可参照的数据：

调查研究，样本数量最好不要少于 100。

全国性的调查，样本数量控制在 1 500—2 500 之间。

地区性的调查，样本数量控制在 500—1 000 之间。

相关研究中，样本数量最好不少于 50。

实验研究中，每组样本数量最好不少于 30。

当然以上给出的数字仅供参考，在研究中具体样本为多少，还需根据实际情况决定。

另外，我们还可以根据推算样本数量的公式计算出总体数量与样本数量的参照数据，如表 7-2 所示。

表 7-2　有限总体数量与样本数量关系表

总体数量（N）	10	20	50	100	200	500	1 000	2 000	5 000	10 000	50 000	100 000
样本数（n）	10	19	50	80	133	217	278	322	357	370	382	384

注：可信度为 95%，允许误差 5%。

从总体与样本数量的关系表中可以发现，样本数并不是随总体数量的增加而同步增加的。当总体数量不断增加，样本数量的增长逐步减缓，在总体数量与样本数量曲线图上呈一条负加速的增长曲线，如图 7-2 所示。

图 7-2　有限总体数量与样本数量关系曲线示意图

（三）几种概率抽样的基本方法

1. 简单抽样

简单抽样是概率抽样中最基本的、运用最广泛的抽样方法。它简便易行，是其他抽样方法的基础。简单抽样总体中的每一个个体都有被抽到的同等机会，可通过抽签、随机数字表或摇号机摇号等来实现抽样。

2. 等距抽样

等距抽样又称机械抽样，是把总体中的所有个体按某一顺序排列编号，然后依固定的间隔抽取样本。等距抽样使样本分配均衡，更具代表性，抽样误差较简单随机，抽样小，操作也较简单，实际应用较广。

3. 分层抽样

分层抽样又称分类抽样或配额抽样，是将总体按某一标准分成若干层次或类别（子总体），然后以各层或各类在总体中所占比重，按比例随机抽取样本。分层抽样确保每层子总体都被包容在抽样范围内，避免了某一子总体出现“超载”现象或出现意外样本。在总体构成比较复杂，同质性程度不高，总体数量较大，各层次标志比较明显的情况下，宜采用分层抽样。

4. 整群抽样

整群抽样就是从较大的群总体中，以自然群体（学校、班级等）为单位，随机抽取样本。整群抽样与其他抽样方式的区别在于：它抽取样本的单位是群体，不是个体。

二、问卷编制

问卷是调查研究中经常采用的有效手段，当我们想了解某一特定人群对某事的态度倾向时，科学编制问卷就是必要环节。

（一）问卷的类型

根据设计问题的不同形式，问卷可分为无结构型问卷和结构型问卷、混合式（半结构型）问卷三大类。

1. 无结构型问卷

又称为开放式问卷，它的特点是在问卷上只提出问题，不列出答案，由调查对象依据本人的意愿自由回答。

（1）优点

提问容易，回答真实，可得到意想不到的材料，适合探究性课题（使研究者与调查对象之间形成交流，使研究更为深入）。无结构型问卷一般较少作为单独的问卷进行使用，往往是在对某些问题需要作进一步深入的调查时，和结构型问卷结合使用。

（2）缺点

回答内容可能与研究无关，难以做精确的定量分析。对于文化程度不高、文字表达有一定困难的调查对象，不宜采用无结构问卷进行调查。

（3）分类

A. 自由回答式："你为什么来读书？你最佩服的人是谁？"

B. 言语联想式："当看到'天空'易想起'云彩'，看到'学校'这个词时你会想起什么？"

C. 情境导入式："已经下课了，老师忽然通知'有人要来参观，请留下 10 名同学做大扫除'，这时你会怎么办？"

2. 结构型问卷

又称为封闭式问卷，它的特点是，问题的设置和安排具有结构化形式，问卷中提供有限量的答案，受试者只能选择作答。

（1）优点

答案规范，易做统计处理；易回答，回收率和有效率高，因此，这类问卷被普遍使用。

（2）缺点

缺乏灵活性和深入性，难表达自己的独特见解及"为什么"，因此，通常在结构型问卷为主的情况下，可以加入一两个无结构型问题，两类型的问卷结合使用可以获得较好的效果。

（3）分类

按照填写形式可分为填空、选择、量表、排序、定距式（答案不是一个点，而是一个区间，如：你的月奖金是：① 3 000 元以上② 1 000—2 999 元

③ 1 000 元以下）。

3. 混合式（半结构型）问卷

（1）特点

兼前两者特点，既列出答案，又留有被调查者自由回答的余地。

（2）形式

A. 在选择答案中增加“其他”选择项，如：你的学习方法主要受哪些因素影响：①父母或亲友的指导②同学的影响③老师的影响④自己摸索⑤其他____。

B. 在列出的答案后加上了解动机、理由类问题，如：你平时在评价周围的人和事时，主要标准来源是：①权威思想②舆论宣传③传统习俗④团体倾向⑤亲友意见 ⑥个人好恶，你这样做的理由是____。

究竟用哪种形式，根据对象特点来决定，一般对象用结构式或半结构式问题，对专家多用开放式问题。另外，根据问卷的传递方式来划分，可分发送问卷、访问问卷、邮寄问卷和报刊问卷。

（二）问卷的编制

问卷是问卷调查的主要工具，科学地设计问卷，是问卷调查关键性的环节。问卷设计的质量，直接影响到问卷调查的回收率、有效率以及被试者的回答质量，因此，我们对问卷的设计应给予足够的重视。

1. 一般结构

问卷是以书面的形式，根据研究假设而设计的问题表格。一般包括：标题、前言（指导语）、问题、备选答案。每一份问卷的开头，必须有一段简短的前言，说明研究的目的，指导受试者如何回答，作某些必要的说明，以解除受试者的思想顾虑。目的在于引发参与动机，使之能很好合作。问题和答案是问卷的主要部分，问题要具体、明了，表述确切，通俗易懂。

问卷通常包括前言、个人特征资料、事实性问题和态度性问题等四个基本部分，如图 7-3 所示。

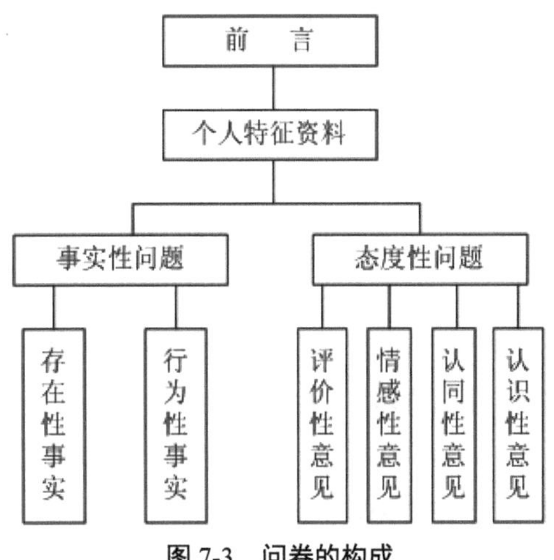

图 7-3　问卷的构成

（1）前言部分

例如，有一项某高校对毕业生专业人才培养目标达成度的调查问卷，其前言部分为：

尊敬的同学您好，时光荏苒，毕业在即。三年或四年的大学时光留给您的也许是收获满满，也许是留有小遗憾，也许是其他种种感受。但不管怎样，我们每个人都应该认真反思反省自己的专业学习历程，照照镜子，检测一下自己的努力结果。为此，中心按照学校专业人才培养方案培养规格编制了一份调查问卷，希望您能积极支持此项调查，如实填写符合您的情况的选项。您的真实回答将为母校今后改进工作、进一步提高人才培养质量提供珍贵的信息参考，谢谢您！

（2）个人特征资料部分

在问卷设计时，个人特征资料往往是作为自变量中的变数而被使用的。主要涉及下列因素。

教育技术研究中常常以下列的一些个人特征因素作自变量，在问卷设计时，可根据研究课题和研究假设选择使用。

个人基本因素。如年龄、性别、工作所在地、职业、岗位或职务、工作年限。

教育条件因素。如教育程度、在学年级、成绩等级、业余爱好、接触媒体习惯。

家庭环境因素。如家庭人口总数及构成、父母职业、父母受教育程度、家庭经济状况。

（3）事实性问题部分

事实性问题是指要调查了解客观存在或已经发生的行为事实，它包括存在性事实和行为性事实两个方面。存在性事实问题是用于调查“是否有”“有多少”。

行为性事实问题是用于调查曾经发生过的行为，包括发生行为的时间、地点、行为方式等多方面的内容。

在教育技术研究中，经常要了解教师使用媒体或学生接触媒体的事实状况，我们可以根据传播学中“5W ＋ H ”的原理，设计一组行为事实性问题，其包含的内容可用图 7-4 来表示。

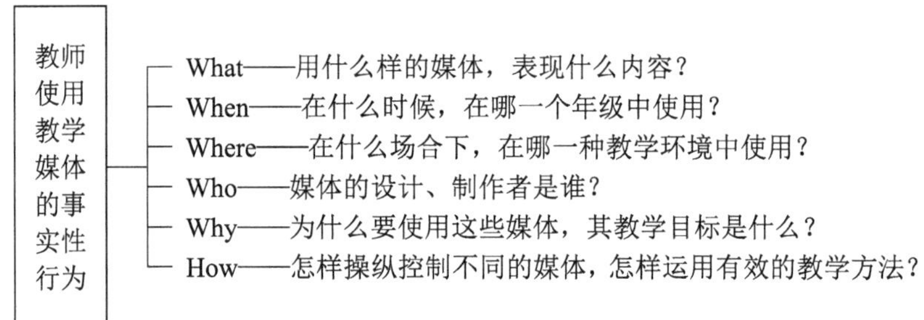

图 7-4　教师使用媒体的行为

（4）态度性问题部分

态度是人对某种现象的相对稳定的心理倾向。为了研究人的态度，通常较多采用里克特态度量表作为工具进行态度测量，设计态度测量量表时，必须注意两个态度指标：

①态度的方向性：即喜欢或不喜欢、肯定或否定的正负方向。

②态度的强度：即喜欢或厌恶、肯定或否定的程度。态度的强度以态度等级来衡量，通常分为几种不同的等级。

两等级式，如：同意 / 不同意；

三等级式，如：同意 / 无所谓 / 不同意；

四等级式，如：很同意 / 同意 / 不同意 / 很不同意；

五等级式，如：很同意 / 同意 / 无所谓 / 不同意 / 很不同意。

2. 问卷的提问与回答的方式

问卷的提问与回答的方式通常有如下几种类型，如表 7-3 所示。

表 7-3　问卷的提问与回答方式

提问方式	回答方式
自由记述式	描述
填答式	有　（人），有　（台）
二元选择式	（正 / 误）（是 / 非）（有 / 没有）（同意 / 不同意）
多重选择式	（A）（B）（C）（D）
排序式	（ ）（ ）（ ）（ ）
评等式	（5）（4）（3）（2）（1）
分配式	A 占（ ）%　B 占（ ）%　C 占（ ）%

3. 问卷设计的程序

问卷设计的一般程序，可用图来表示。通常包括如下几个基本步骤（如图 7-5 所示）。

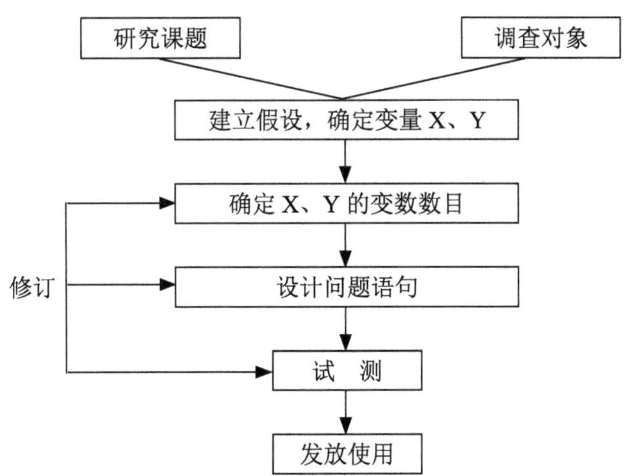

图 7-5　问卷设计的一般程序

举例：少数学生厌学问卷设计（如图 7-6 所示）

问卷设计举例

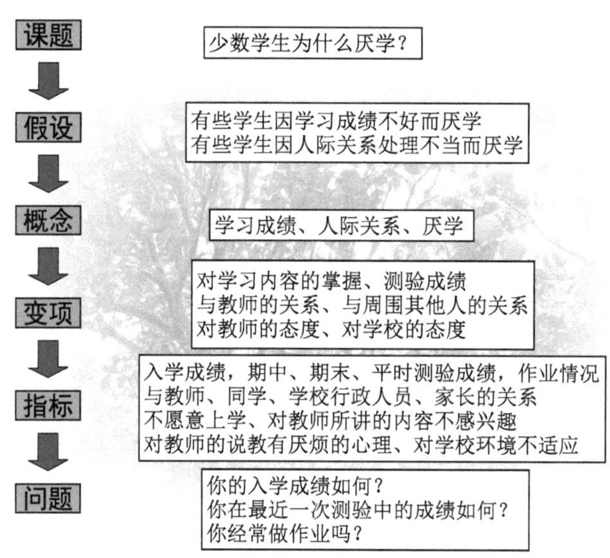

图 7-6　少数学生厌学问卷设计

4. 设计问题的注意事项

一般说来，表述问题语句的基本要求是：

（1）用词要通俗、易懂、准确、简短。不要使用那些被试者陌生的、过于专业化的术语。

（2）问题应该是中性的，不应使用暗示或引导性语言，避免被调查者在这些词语的诱导下产生趋同心理，违背真实意见而作了附和的回答。如：你喜欢饮誉中外的小说《红楼梦》吗？

（3）避免意义相关的问题（2 个或以上）。如：你经常教孩子认字、做算术吗？

（4）问卷长度适宜，一般不超过 70 个问题。太多易疲劳，太少不足以充分反映问题。

（5）备选答案不要重叠，保持相对独立。如：你的收入是：1 000 元以下；1 000—2 000 元；15 00—3 000 元。

（6）出现不知道的问题，会导致问卷结果的虚假性。如问农村学生，你喜欢玩《传奇》电脑游戏吗？

（7）对于敏感性强、威胁性大的问题，应在文字表述上努力减轻敏感程度和威胁程度。如问学生对父母的态度，就不应该直接问其对父母是喜欢还是不喜欢，而是间接问，你对父母有何看法？

5. 问题的排列组合

问卷问题的排列顺序方式有多种，常见的有以下几种。

（1）类别性顺序。即把同类性质的问题尽量安排在一起。而不要让不同性质或类别的问题互相混杂。

（2）时间性顺序。即将问题按时间顺序来安排。

（3）内容性顺序。即把问题按其复杂和困难程度来排列，一般来说，应该先易后难、由浅入深，先一般性质问题、后特殊性质问题。对于敏感性强、威胁性大的问题，更应该放在各类问题的后面。

（4）逻辑性顺序。即研究者有意识地将自变量问题放在前头、因变量问题放在后面，这样便于研究者进行资料的分析。

6. 试测与修订

在完成了问题语句的设计和排列以后，不宜立即分发，而应该在小范围内进行一次试测，通过试测检查问题是否能被调查者理解，所列举的限制性答案是否完善。通过试测，发现问题，及时修订，经修订后再分发出去。

（三）问卷法的实施

1. 问卷实施的一般程序

（1）被试的选择。选取的被试数量既不能正好等于研究对象，也不能随意多选取。

（2）分发问卷。目前常见的分发方式有现场发送、邮寄、登在报纸和期刊上、放在网站上等。

（3）回收问卷。一般依分发问卷方式的不同而不同。

（4）结果处理和分析。包括分类整理、质量审核；编号登记和编码；数据录入、计算机统计计算处理等。

2. 影响问卷回收率的因素

（1）问卷方面，如研究课题的吸引力，前言与指导语简洁、清晰，问卷的复杂程度，回答方式，内容长短，印刷质量等；

（2）被试方面，如被试者的文化程度、合作态度；

（3）问卷的分发方式有无辅助措施，如抽奖、附上贴好回寄邮票的信封等；

（4）问卷研究是否得到有关组织机构的支持。

3. 影响问卷有效率的因素

问卷本身存在的错误是导致问卷有效率低的最常见因素。这些错误包括指导语含糊不清、问卷内容有偏差、问卷太复杂、题量过多等。影响问卷有效率的关键因素是被试本身的特点，包括被试的态度、能力以及当时的心理状态。

思考与行动：

1. 试着就当前基础教育研究热点问题撰写文献综述。
2. 试着以“某中学学生课余时间活动现状调查”为题编制一份问卷。

第八章　研究课题检验与结题

前几章，重点介绍了教育研究课题的选题、申报书的填报、研究实施，这些环节完成后意味着课题的研究任务已基本完成，教育研究课题由于多数是在实践中完成的，因此遵循实践—理论—实践认识路线，最后的研究成果还需要再经过实践检验，取得实效后，才能进入鉴定结题环节。那么，如何检验研究成果、如何申请结项、结项的程序有哪些、结题材料如何收集整理等问题，都是这一章要介绍的内容。

第一节　研究课题检验

一、课题成果实践检验的含义

教育科学研究课题与其他学科专业性研究项目相比，更加重视研究的过程，更加注重研究成果的实践价值，因此，当我们通过教育研究实施工作取得理论成果后，还应当将理论成果应用于教学实践。通过实践检验，证明理论的科学性、创新性和可行性，从而发挥理论有效指导教育实践工作的作用，并在实践中检验和修正理论。这个过程其实就是课题研究成果的实践检验。实践检验非常重要，也非常必要。教育科学研究课题本身就是来源于教育实践的有待解决的各种各样的问题，通过研究人员的思考和探索，提出了解决问题的思路、方法和路径，经过进一步概括提炼后提升到了理论高度，这时形成的理论成果中必然有主观因素，而揭示事物发展的规律是客观的，将主观见之于客观、缩小主观认识与客观规律之间的距离，实践检验是唯一有效的途径。因此，从这个角度看，教育研究课题成果的实践检验就是去主观、近规律的必经之路。

二、教育研究成果分类

我们知道论文、著作是教育研究成果的表现形式之一。其实除了论文、专著之外，还有许多表现形式。比如根据成果介质形式可以分为纸质成果和电子成果。下面我们根据成果形态来划分，将成果划分为理论成果、实践成果和介于两者之间的成果三种类型。

（一）理论成果

理论成果是相对于实践成果而言的，是研究者在课题研究过程中，运用一定的研究方法，针对研究对象，对研究内容进行探索后所形成的思想、方法等知识体系。常见的表现形式有以下几种。

1. 学术论文

学术论文是当前教育研究课题成果最常见的表现形式。学术通常是指专深而系统的学问，而论文则是指研究、讨论问题的文章。所谓学术论文就是在科学领域内表达科学研究成果的文章。因此，那些非科学领域的文章，不算学术论文，如新闻报道、散文和杂文等。即便是科学领域的文章，如果不具备科学研究性质，也不能算学术论文，如科幻性和科普性作品等。

2. 专著

专著是针对某一专门研究题材的，是著作的别称，是对某研究领域更加系统、深入的认知体系，学术专著比发表单篇论文更具学术价值。我国很多教育工作者通过教育科学课题研究，出版了许多教育专著。如中国教育学会副会长朱永新教授，作为中国“新教育实验”的发起人，其经过不懈努力和探索，出版了《中国新教育》《走在新教育路上》等系列教育专著，系统阐述了“新教育”的思想与实践，具体回答了什么是新教育、新教育的精神和特征是什么、新教育的理想课堂是什么样的、如何开展新教育实验、新教育的管理法则、教师发展、儿童课程和家教主张等一系列重要问题，既系统地从理论上构建了新教育理念，又从实践上介绍了新教育实验所取得的成果。

3. 教材

教材是根据教学大纲和实际需要，为师生教学应用而编选的材料。主要有教科书、讲义、讲授提纲等。教科书最为正规、严肃，一般是通过各级教材委员会甚至国家相关机构审定通过后，在一定范围内推行实施的系统反映学科内容的教学用书；讲义则是教师按照教学大纲，参照已有相关教材的内容，结合自己的理解而形成的专用教学工具。讲义通常具有很强烈的个人色彩。其内容更多体现对这个学科知识的独到见解。其承载的更多是某个具体教师关于这个学科的私人知识；讲授提纲是以纲要的形式呈现出的教师讲授内容要点，更多的是教师对其所教授学科的独特的个人见解。

（二）实践成果

实践成果的概念当前并没有统一的界定，我们认为，教育研究实践成果主要指在教育理论研究指导下形成的直接应用于教育实践工作的物化成果。主要包括教育教学软件、教具等。

1. 教育教学软件

教育教学软件是针对教育教学问题而开发编制出的一套计算机应用程序。主要用于教育管理、教学运行、课堂教学等。如当前盛行的慕课平台、各种教学录播软件、课程运行软件等。

2. 教具

教具，顾名思义，就是教师教学使用的工具。如数学教师使用的三角板、量角器，生物教师使用的动物标本、模型，音乐教师使用的钢琴等各种乐器。

当然，上述教育教学软件和教具都是前人已经开发研制出来的成果，我们可以在前人成果基础上进行改进创新，也可以根据自己的实际情况研制出新的教具或软件。

（三）介于两者之间的成果

介于理论和实践之间的成果主要有方案、文件、专利技术等。这些成果是在理论指导下形成的，有待进一步实施、转化和应用的中间型成果形式。

三、教育研究成果实践检验形式

（一）实验验证

生产实践、社会实践活动和科学实验是实践的三种基本形式。科学实验既是搜集科学事实、获取感性材料的基本方法之一，也是形成、发展和检验理论的实践基础。因此，通过实验对课题成果进行检验是一种省时高效的途径。实验可以从不同角度进行分类，本节我们根据变量控制的严密程度，分真实验、前实验和准实验三种。

1. 真实验

真实验的特点是随机选择和分配被试者，系统操纵自变量，基本或完全控制无关变量。这一类型要求较高，实验检验效果最好。

2. 前实验

前实验的特点是不进行随机分组，也不控制无关变量，因此，其内外在效度都比较差。

3. 准实验

准实验的特点是在无须随机安排被试时，运用原始群体，在较为自然的情况下进行实验处理，有一定的外在效度，但只能控制一部分无关变量。

案例：现任上海市教育科学研究院副院长顾泠沅先生1977年起在上海市青浦区主持数学教育改革实验，完成了“大面积提高数学教育与质量的实验研究”等项目，在全国产生广泛影响。顾先生及其研究团队针对青浦县4 300名中学高年级学生，及格率仅为2.8%、零分率则高达23.5%的现状，开展了为期三年的调查，他们对全县学生的数学学习情况进行了22次质量普查，发现了好、中、差三类学生在学习态度、学习水平和方法上的差别。在广泛了解的基础上，实验小组又选择了有代表性的7所学校，对50名数学教师进行了为期一年多的连续跟踪听课、记录，结果发现：大量教师的教学方法还停留在叙述教材的水平上，在运用教学方法上的意识还很欠缺。在“实践筛选”的基础上，总结出了“尝试指导、效果回授”的教学策略，为了验证这一教学策略的有效性，在青浦区教育局的支持下，青浦实验的主实验用时三年，选择了不同类型的5所学校的10个班级共440名学生作为被试，实验重点聚焦在尝试活动和效果反馈上。这就是在我国教育界享有较高声誉的“尝试指导、效果回授”教学策略的雏形。实验结果证实，“尝试指导、效果回授”确实是大面积提高教学质量的有效措施，5 所学校实验班各个阶段测试成绩的合格率、优秀率都高于对照班。

单个实验的成功毕竟不是教改的终极目标，实验成果的价值必须经由检验、应用、推广，才能得到充分的体现。主实验完成后的 8 年间，实验小组边推广、边研究：用科研成果更新教学常规；举办多种形式的推广辅导班，扩大骨干队伍；确定重点推广学校，进一步探讨和辐射教改经验。1986 年，青浦区初中毕业生在全市统考中的成绩大大超过当年上海全市的平均值，各学科教学质量明显提升，学生素质也有相应提高。上海市教育局决定向全市推广青浦数学教改经验，并在全市大会上正式将实验小组命名为“顾泠沅数学教改实验小组”。同年，美国教育心理学家布卢姆来华讲学，当了解到青浦教改情况后说：“你们做了相当于我几十年所做的工作。”1990 年 10 月，国家教委基础教育司组织专家小组赴青浦进行实地考察，一致肯定了青浦实验的价值。1992 年，国家教委开始有计划、有步骤地在全国范围内推广青浦经验。

上述案例分别运用了真实验、准实验和前实验三种验证手段，先提出数学教学策略，开始小范围的真实验验证，取得效果后，实验组成员们又进行理论提炼和实践推广，运用准实验形式，在自然情况下进行试验处理，并获得较高的实验信度，最后上海市教育局决定全市推广，相当于开展了一场前实验教学改革。

（二）调查验证

没有调查，就没有发言权。调查既是一种常用的研究方法，同时也是验证效果的有效手段。通过教育课题研究得出的结论、观点等除了开展实验验证外，也可以通过不同形式的调查来验证效果。

1. 个案调查

个案验证是从全体中选择个别有显著特征的对象，通过更深入地了解情况，验证研究观点的正确性，但易受主观因素的干扰。教育部教师教育指导委员会委员、中国教育学会理事陈向明教授1996年发表在《教育研究与实验》

上的一篇文章《王小刚为什么不上学了——一位辍学生的个案调查》，面对贫困辍学的普遍观点，通过实地考察，开展个案研究进行了验证，验证的结果证实并非贫困，更主要的原因是教学质量差、教师体罚。这就从一个侧面说明了调查验证的必要性。

2. 访谈调查

访谈主要是调查者与调查对象面对面的谈话，或通过电话、网络等进行间接访谈，收集口述材料。当我们的教育研究课题完成后，为了验证课题取得成果的价值性、有效性、可操作性等情况，不妨开展集体座谈或个别访谈，获得被访谈者的意见和建议。如某市中小学校长培训模式创新研究这一课题，究竟研究出的培训模式效果如何，最好选择若干具有代表性的中小学校长召开座谈会，征集他们的意见和建议，获得第一手验证资料。

3. 问卷调查

问卷是大面积征求研究对象对某事态度倾向的调查方式，比如当我们完成“某中学英语三步连环教学法研究”课题后，就可以采用问卷调查方式，对该校中学生进行大面积问卷调查，统计分析同学们对此教学法的态度和认可程度，从而评估该教学方法的有效性。

（三）考评验证

教育研究课题除了实验和调查验证外，还可以通过考评方式，获得检验成效。

1. 获奖

通过教学改革，学生在某方面的基本能力得到了提升，并在能够表现这种能力的比赛中取得优异成绩，一定程度上就表明了此种研究的有效性。如某教师开展的“中华传统文化教育在小学语文教学中有效渗透的实践研究”课题，通过研究，学生在河北省第五届微课大赛、第五届“曹灿杯”朗诵大赛、书法作品比赛等涉及中华传统文化元素的比赛中获得若干奖项，说明这种研究的开展是有成效的。

2. 考证

对于涉及师生素养提升的教育研究课题，如果师生能获得相关考级证书，也说明研究是有效的。如小学生绘画能力提升研究，通过课题研究，提升小学生绘画能力，其美术考级证书的取得也表明研究的有效性。

3. 作品、产品

教育研究除了上述表现方式外，有的课题也可以通过物化成果来进行检验，如教育技术方面的研究课题，可以用研制出的教育软件的使用效果作为检验证明。

当然，除了上述三种方式外，还有其他一些方式，如成果转化、效益证明、领导肯定性批示等。

第二节　研究课题结题

一、课题结题的意义

教育研究是一个系统的探索过程，课题的鉴定与结题是研究过程的一个重要环节，课题结题是对整个课题研究的工作总结。课题鉴定对教育研究工作的深化和发展起着导向和推动作用，对教育科研人员和广大中小学教育工作者发挥着良好的评定、激励和培训功能。随着教育科研事业的发展，做好教育科研课题的鉴定与结题就显得非常重要。

通过对教育科研课题研究成果进行价值判断，可以将其价值外化；通过应用于教育教学实践活动，可以充分发挥教育科研成果在提高教育教学质量和制订教育教学决策方面的价值效益，充分发挥其对教育教学实践的指导作用。

（一）进一步完善课题研究成果

课题研究是一个有目标、有计划、有组织的严谨的科学研究活动，通过课题研究取得一定研究成果，只是完成了课题量的要求，但是研究目标是否实现、研究过程是否规范、研究成果是否先进等情况，必须经过相关专家组进行鉴定，通过鉴定，明确存在的问题以及今后的努力方向，这对于完善课题研究具有重要的促进作用。因为课题研究没有终点，只有过程。

（二）进一步提高课题研究成果的水平

中小学研究成果实践性比较强，但往往理论水平不高，缺少思考深度，有的比较零散、缺少系统化，不能很好地归纳总结，有的在科学性方面还存在一定的问题。因此要通过结题工作进一步提炼出成果的精华，提升成果的研究水平，从而取得高质量的研究成果。

（三）进一步提高研究者的水平

通过对教育科研课题结题鉴定，研究者可以得到评审鉴定的信息反馈，从而使研究者对课题的研究过程进行反思，在以后的课题研究中，按照教育科研课题研究应有的基本标准，对研究目标和内容、研究方法和实施过程进行及时调整，更好地把握研究的方向以保证课题研究目标的实现。

（四）进一步发挥课题研究成果的示范作用

通过对课题的检测、评审和鉴定，不仅对研究成果进行价值判断，促进教育科研的健康发展，提高教育科研的质量，而且使教育科研得到社会的认可，并产生积极的社会效应，促进教育事业的可持续性发展。尤其是哪些经过精心设计、反复实验、效果好、易推广的课题研究成果，对于教育教学整体质量的提高具有重要的引领和示范作用。

二、课题鉴定方式

目前，教育科研课题鉴定有会议鉴定和通讯鉴定两种形式可供选择。

（一）会议鉴定

会议鉴定即以会议的方式对课题研究成果进行鉴定和评估。在会议鉴定一个月前，课题组应以口头或书面形式向主管部门提出鉴定申请，并随后呈递成果主件、附件及研究工作总结报告（其中应包含对成果的自我评价及经费使用情况）等材料。鉴定会议之前半个月或最少一周之前，负责组织鉴定的部门就要将鉴定材料分别呈送给参加鉴定的专家组成员，并督促他们提前审读成果材料、做好会议鉴定准备工作。

（二）通讯鉴定

通讯鉴定和会议鉴定要求相同。不同的是鉴定专家组人员要以通讯的方式先将鉴定评估意见寄给鉴定组组长，组长汇总后再征求各成员意见或付诸表决，最后将集体鉴定意见寄送课题组织机构，课题组织机构通知课题组成员。这种背靠背的通讯鉴定方式，多认为是一种省时省经费的良好的鉴定形式。其最大的好处是各成员能有足够的时间审读成果材料，充分准备鉴定意见，而又能避免受人际关系的影响，相对比较客观、公正、公平，这成为目前采用较多的方式。

（三）鉴定专家组成

专家鉴定组成员一般由5—9人组成。人员由课题所在单位和组织鉴定的单位共同协商聘请。原则上校内专家不得超过三分之一。鉴定委员会或鉴定小组应以精通业务的专家为主体，原则上应具有高级职称，属同行中的权威人士。除专家外还应有相关的学科规划组成员和业务水平相对较高的教育行政领导参与。

比如《河北省教育科学规划课题成果鉴定办法和鉴定标准》、第五十条规定："鉴定主要采取专家评议方式，包括会议评议和通讯评议。每个课题的鉴定专家为5—7人。课题组成员（包括顾问）不能担任本课题鉴定专家，所在单位及其上一级主管部门参与鉴定的专家不能超过专家总数的三分之一。"

三、课题鉴定流程

（一）整理结题资料

参照《关于规范河北省教育科学规划课题研究成果鉴定程序和鉴定材料装订格式的通知》，主要包括以下几类材料。

1. 课题立项通知书（复印件）；
2. 重要变更申请及获准批复（复印件）；

3. 课题申报·评审书；
4. 开题报告；
5. 成果鉴定申请书；
6. 成果鉴定证书；
7. 研究工作报告；
8. 研究总报告；
9. 发表的论文（复印件）；
10. 成果影响证明材料（查新报告）；
11. 河北省教育科学规划课题研究成果概述。

（二）提出结项鉴定申请

课题研究工作完成后，课题主持人应通过所在单位向省规划办公室索要并填写河北省教育科学规划课题结题申请书，接受由省教育科学规划办公室或其委托管理机构组织的成果鉴定或结题验收。重点课题的研究成果由省规划办公室组织鉴定。一般课题、青年专项课题研究成果，由所在市规划办公室（或教育科研管理机构）或主持人所在省属院校教育科研管理机构组织鉴定，鉴定组成员须经省规划办公室认可。主持人所在单位负责有关准备工作，向鉴定组专家送交鉴定材料，接受专家的鉴定。

（三）鉴定程序

1. 会议鉴定程序

（1）有关部门领导和鉴定委员会主任或鉴定组长讲话，指明鉴定意义，提出鉴定要求；

（2）课题负责人汇报研究工作过程和研究成果；

（3）课题组解答鉴定组成员的质疑；

（4）考察现场或进行现场调查或查阅有关资料；

（5）鉴定组成员参照鉴定标准和评估指标体系评分或准备意见；

（6）全体鉴定组成员即席讨论评议，或付诸表决通过鉴定意见；

（7）鉴定组负责人认可鉴定意见并表示态度；

（8）填写鉴定意见书，鉴定委员会主任或鉴定组长签字生效。

2. 通讯鉴定程序

（1）课题负责人将课题研究成果的主件、附件及研究总结报告、致鉴定专家的函、鉴定意见表、鉴定费交寄鉴定组各专家，并将鉴定意见书交寄鉴定专家组组长；

（2）课题鉴定专家组成员将书面鉴定意见交寄鉴定专家组组长；

（3）课题鉴定专家组组长负责汇总各成员意见，再征求各成员意见或付诸表决，形成专家组书面鉴定意见；

（4）课题鉴定专家组组长代表鉴定专家组将鉴定意见填入鉴定意见书，并交寄课题管理部门或教科研部门。

（四）鉴定意见整理

课题鉴定结束之后，课题组还应做好下列工作：

1. 鉴定完成后，由主持鉴定单位将鉴定结果书面通知课题主持人及所在单位；

2. 课题组根据专家评议和建议对成果做必要的修改、补充，使其完善；

3. 将完善后的课题结题材料包括课题研究报告、工作报告、成果附件材料、课题鉴定申请报告、鉴定意见书等送交课题管理部门；

4. 待批复完成后进入结项办理程序。

（五）结项办理

1. 免鉴定课题

免于鉴定的课题即可办理结题验收。课题负责人应将课题最终成果 3 套、研究工作报告、成果鉴定书及资助经费决算等一并报送省教育科学规划办公室，经验收合格，由省教育科学规划办公室发给河北省教育科学规划课题结题证书。具备下列条件之一者可免于鉴定：

（1）获市、厅级及其以上级别政府、部门（不含非政府部门的社团）评奖二等以上奖励；

（2）收集的信息足以证明已达到国内、省内先进水平，或成果提出的主要结论被市级以上教育行政部门明确吸收采纳。

申请免于鉴定，应在填写结题申请书时说明理由，并附相关证明材料。

2. 鉴定课题

通过鉴定和批准鉴定的课题即可办理结题验收。课题负责人应将课题最终成果（3 套）、研究工作报告、成果鉴定书及资助经费决算等一并报送省教育科学规划办公室，经验收合格，由省教育科学规划办公室发给河北省教育科学规划课题结题证书。

四、课题结题材料装订格式

待省教育科学规划办公室确认盖章后，省规划办、课题主持人及其所在单位各留存一份。所有材料须统一用 A4 纸打印或复印，并左侧装订成册。论文和专著须注明河北省教育科学规划课题，标明课题类别，采用统一标识。“河北省教育科学规划课题研究成果概述”同时上报电子版或将电子版发送至指定邮箱。鉴定材料装订格式和成果概述格式如下。

附件 1：

河北省教育科学规划课题研究成果
鉴定材料装订格式

一、封面

河北省教育科学“× 五”规划课题（重点、立项、青年专项课题）

成果鉴定材料

课题批准号______________________________

课 题 名 称______________________________

课题负责人______________________________

课 题 类 别______________________________

学 科 分 类______________________________

所 在 单 位______________________________

二、装订目录

1. 课题立项通知书（复印件）…………………………………………（ ）

2. 重要变更申请及获准批复（复印件）………………………………（ ）

3. 课题申报 · 评审书 ……………………………………………………………… ( )
4. 开题报告 ……………………………………………………………………… ( )
5. 成果鉴定申请书 …………………………………………………………… ( )
6. 成果鉴定证书 ……………………………………………………………… ( )
7. 研究工作报告 ……………………………………………………………… ( )
8. 研究总报告 ………………………………………………………………… ( )
9. 发表的论文（复印件）…………………………………………………… ( )
10. 成果影响证明材料（查新报告） …………………………………………… ( )

说明：以上 3. 课题申报 · 评审书因省规划办立项后未退回，可在目录中的相应项后注明“（省未退）”；

采用通讯鉴定的需在鉴定证书后附每位鉴定组成员的鉴定意见。

附件 2：

河北省教育科学规划课题研究成果概述的格式

一、课题基本情况

1. 课题批准立项时间；
2. 立项级别；
3. 课题类别；
4. 学科分类。

二、课题研究及成果汇报

1. 问题的提出（选题的背景、意义、价值等）；
2. 课题研究的目标、主要内容、创新点；
3. 课题研究的基本方法或方法论体系；
4. 课题研究的结论、提出的主要观点；
5. 课题研究的主要成果及其目录；
6. 课题研究成果的社会效益；
7. 研究成果的推广范围；
8. 课题研究存在问题的反思、尚待进一步研究的主要理论与实际问题。

三、专家鉴定意见

主要是价值判断的方面，若与课题研究成果汇报相同的就不再谈及。

“课题研究成果概述”在课题鉴定后，将纸质和电子版材料（5 000 字左右）一并上交省规划办。

思考与行动：

1. 谈谈你主持或参与的课题是如何进行实践检验的。
2. 试着参与教育科规划课题结项鉴定程序。

第三篇 班级管理工作

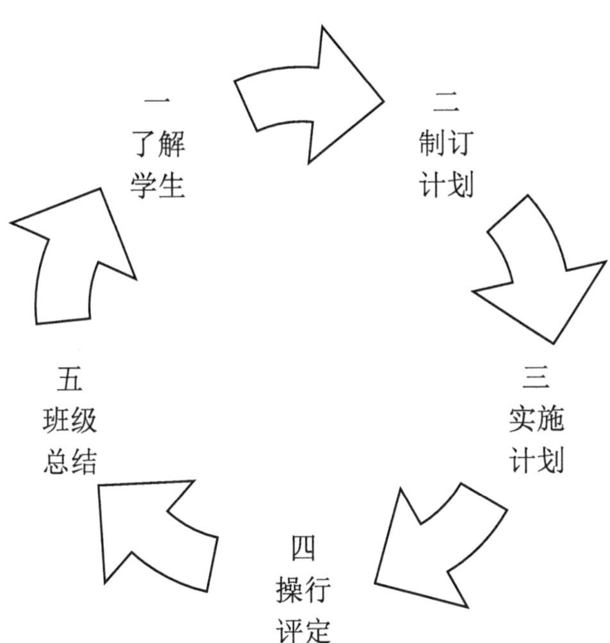

第九章　认识和了解学生

俄国教育家乌申斯基曾说过：“如果教育家希望从一切方面去教育人，那么就首先从一切方面去了解人。”教学环节中，备课是上好课的前提和基础，同理，作为班主任，认识和了解学生则是做好班级工作的前提和基础。为什么要认识和了解学生？认识和了解学生的内容有哪些？了解学生的方式方法有哪些？了解学生应注意什么？本章将对此一一进行阐述。

第一节　认识学生

一、学生的本质属性

（一）学生是发展中的人

“学生是发展中的人”有两层含义。

1. 学生具有巨大的发展潜能

教师要坚信每个学生都可以积极成长，是有培养前途的，是追求进步和完善的，是可以获得成功的。陶行知先生说：“你的教鞭下有瓦特，你的冷眼中有牛顿，你的讥笑中有爱迪生。”

2. 学生是处于发展过程中的人

我们不能因为学生还处在一个发展不成熟的阶段而忽视他们作为一个完整的人的存在，但也不能因其不成熟而事事操心，包办代替。作为家长和教师要善于引导孩子走向成熟。

（二）学生是独立的人

学生是独立的个体。一个学生就是一个独立的世界。每一个学生都有其独立的人格特点和价值，我们不能以一个统一的标准来要求千差万别的学生。由于遗传素质、社会环境、家庭条件和生活经历的不同，形成了个人独特的“心理世界”，他们在兴趣、爱好、动机、需要、气质、性格、智能和特长等方面是各不相同、各有侧重的，“人心不同，各如其面”，独特性是个性的本质特征。因此，教育者在教育过程中既要把学生看成是一个有血有肉有感情的完整的人，又要承认学生之间存在的差异。开展师生间的个性交往，丰富学生的精神生活，让个性各异的学生友好相处。

（三）学生是权责的主体

现代教育把学生作为权责主体来对待是教育民主的重要标志。现代社会是法治社会，学生在教育系统中既享有一定的法律权利，又承担着一定的法律责任，是法律上的权责主体。同时，承担一定的伦理责任和享受特定的伦理权利，也是伦理上的权责主体。例如，在学校里，学生具有不容侵犯的人身权利。在西方发达国家，学校老师不允许碰学生，否则会被认为是侵犯学生人身权利而受到惩罚，甚至学生的家人也不能这样做。对中国人来说，这简直是不可思议的事。但它的确表明了教育者对学生的极大尊重。此外，学生的财物权、受教育权和学习权都受法律保护，相应地也负有尊重他人权利与学校教育的义务和责任。因此在教育过程中，教师应树立尊重学生主体权利的观念，努力杜绝各种侵犯学生权利的现象发生。

二、学生在教育过程中的地位

在古代教育中，无论是中国还是其他国家，学生基本上处于客体地位。到了近代出现了有名的“教师中心论”和“儿童中心论”之争。以德国教育家赫尔巴特为代表的教师中心论认为，“在教育的职能中，学生是直接在教师的心目中，作为教师必须在他身上工作的人，学生对教师必须保持一种被动的状态”[①]，同时强调教师在教学过程中必须保持权威，操纵整个教育过程。而以美国教育家杜威为代表的儿童中心论则针对教师中心论严重忽视学生在教学中的地位提出了尖锐的批评，“在现在的情况下，由于忽视了把学校作为社会生活的一种方式这个概念，来自教师的刺激和控制是太多了”[②]。在杜威看来，儿童的发展是一种主动的过程。教师不能主宰这种过程，不要对学生多加干涉，要让学生亲身去获得某种生活的训练；教师不能充当指挥官的角色，而是学生的守护者和助理者。从两派的争论中我们可以感受到学生的地位有明显的不同。教师和学生的关系从教师主体、学生客体转向了学生主体、教师客体，很显然是两个极端的论点。我国长期以来的教育传统基本上是把教师放在中心位置，强调教师的作用，而把学生视为被动接受的对象，见物不见人，看不到学生的主观能动性，对培养学生的实践能力和创新精神重视不够。这说明我们还没能真正认识到学生在教学中的地位和作用。那么，学生在教学中究竟有什么样的地位和作用？我们认为，学生不仅是教育的对象，而且是学习的主体。

（一）学生是教育的对象

学生是受教育者，是教育的对象。这是维持教育活动最基本的认识。如果学校没有学生，何谈教育？学生之所以是教育的对象，这是因为，学生是求知的个体，需要不断学习人类的文化知识和生活经验，使自己的认识水平过渡到人类总体的认识水平；同时，他还是一个不成熟的个体，需要获得品德的完善和行为的养成，逐渐由个体的生物人向本质上的社会人转变；此外，他还是一个缺乏生存技能的个体，需要接受一定的技能培养，掌握各种生产和生活技能，实现由消费的个体向生产的社会成员转变。因此，从个体的发展角度看，学生需要接受教育，成为受教育者。从学校和教师的角度看，他们为学生个体的发展提供了必要场所和条件。校长和教师的工作在根本上都是为学生服务的，学校的各项教育活动都是为了学生的健康成长。特别是小学阶段的学生，处于“长知识、长身体”的发展初期。他们的知识经验比较

① 张庭焕 . 西方资产阶级教育论著选 [M]. 北京：人民教育出版社，1979 : 294.

② 华东师范大学教育系，杭州大学教育系 . 现代西方资产阶级教育思想流派论著选 [M]. 北京：人民教育出版社，1980 : 8.

少，要获得顺利发展，在不很长的时间里，在品德、智力、体质等方面都打下良好的发展基础，更离不开教师的教育。学生是受教育者，是教育的对象，尽管如此，并不排斥在学习和发展中成为主体，发挥其主观能动性。

（二）学生是学习和发展的主体

辩证唯物主义认为，外因是变化的条件，内因是变化的根据，外因通过内因起作用。从外因与内因的关系来分析，教育过程中教师的引导示范是学生成长发展的外因，学生自身需要、认识、情感等方面的变化是内因，教师的教只能通过学生自觉自愿地学而起作用，否则，教育的效果会收益甚微。学生在教育过程中的主体地位是任何人代替不了的。

心理内化说为学生主体论提供了心理学的依据。这种学说最早由法国社会学派的代表人物杜尔克海姆等人提出。其含义指社会意识向个体意识的转化，亦即意识形态的诸要素移植于个体意识之内。研究和教育实践表明，人们从外部获得知识、智力和品德的关键就是内化，而获得、发展与形成知识、智力和品德的过程也就是内化的过程。因此，凡是外部的东西转化为内部的主体的东西就叫内化。以教育过程来说，每一个学生都属于内部主体，而相对于学生以外的一切都属于外部、客体，如政治原则、思想规范、道德标准、知识系统等。教育的最终目的是要使这些外部的客体的东西内化为学生内部的主体的东西。但是一个很重要的前提条件是必须调动学生的积极性，发挥学生主体性的作用，才能使学生接受这些外部的东西。完整地认识学生在教育过程中的地位，一方面要肯定学生是教育的对象，学生要接受教育，学校和教师有不可推卸的责任，要发挥主导性作用。另一方面还必须指明学生是学习发展的主体，必须让学生掌握学习发展的主动权，发挥学习的主观能动性。明确这种关系，对于正确处理教与学的关系、教师主导作用与学生主体地位的关系，认识教育规律，提高教育活动的整体水平，都具有极其重要的意义。

三、个体身心发展的客观规律与教育

人的身体和心理发展都有其自身的规律。教育者只有了解这些规律，才能更好地遵循规律，促进受教育者身心健康发展。

（一）个体身心发展的顺序性与教育

个体身心的发展在整体上具有一定的顺序，身心发展的个别过程和特点的出现也具有一定的顺序。比如，身体的发展遵循着从上到下、从中间到四肢、从骨骼到肌肉的顺序发展，心理的发展总是按照由机械记忆到意义记忆、由形象思维到抽象思维、由情绪到情感的顺序发展。个体身心发展的顺序性决定了我们教育活动必须根据身心发展这一特点循序渐进地进行。无论是知识、技能的学习还是思想品德的发展，都应由浅入深、由简到繁、由易到难、由少到多、由具体到抽象，循序渐进。

（二）个体身心发展的阶段性与教育

身心发展的阶段性是个体在不同的年龄阶段表现出某些稳定的、共同的典型特点。这些特点在表现方式上、发展速度上、发展的结构上与其他阶段相比较，都会具有不同的特征。人的身心的不同方面有不同的发展现象，各阶段的发展是不平衡的。如心理学家提出“发展关键期”或“最佳期”的概念。所谓“发展关键期”是指身体或心理的某一方面机能和能力最适宜于形成的时期。如2—3岁是儿童学习口语的关键年龄，4—5岁是开始学习书面语言的关键年龄。在这一时期，对个体某一方面的训练可以获得最佳成效，并能充分发挥个体在这一方面的潜能。错过了关键期，训练的效果就会降低，甚至无法补偿。正如《礼记·学记》所言：“当其可之谓时，时过然后学则勤苦而难成。”身心发展的阶段性决定了教育工作的针对性，对不同年龄阶段的儿童应采取不同的内容和方法，这样，教育工作才能收到好的效果。

（三）个体身心发展的差异性与教育

个别差异性是指在个体发展具有整体共同特征的前提下，个体与整体、个体与个体相比，每个人的身心发展，在表现形式、内容和水平方面存在的差异性。主要表现为男女性别的差异，认识、兴趣、能力等方面的差异。针对青少年身心发展的这一特点，要求教育工作者必须深入学生实际，了解他们各自的发展背景和水平，了解他们的兴趣、爱好、特长，因材施教。

（四）个体身心发展的互补性与教育

互补性反映个体身心发展各组成部分的相互关系，机体某一方面的机能受损甚至缺失后，可通过其他方面的超常发展得到部分补偿。如失明者通过听觉、触觉、嗅觉等方面的超常发展得到补偿。互补性也存在于心理机能与生理机能之间。人的精神力量、意志、情绪状态对整个机体能起到调节作用，帮助人战胜疾病和残缺，使身心依然得到发展。相反，如果一个人的心理承受能力太差，缺乏自我调节能力和坚强的意志，那么，就算不很严重的疾病或磨难也会把他击倒。互补性告诉我们，发展的可能性有些是直接可见的，有些却是隐性的，培养个体自信和努力的品质是教育工作的重要内容。

四、中小学生的身心特点

日常生活中，我们都能感受到人生发展是有阶段的。如“小孩”“大人”“老人”，就是对处于人生不同阶段的人群的概称。为了研究的方便，人们一般习惯于把人生发展的各个阶段以年龄段的形式进行划分，大概可以分成以下几个阶段：婴儿期（出生至 1 岁半左右）；幼儿期（1 岁半左右至 6 岁）；童年期（六七岁至十一二岁）；少年期（十二三岁至十五六岁）；青年期（十六七岁至 25 岁或 30 岁）；成年期（25 岁或 30 岁至 55 岁或 60 岁）；老年期（55 岁或 60 岁至死亡）[①]。在各个阶段由于人的生理成熟度以及参与社会活动角色的不同，呈现出不同的在身体和心理发展方面一般的、典型的和本质的特征，这就是所谓的“年龄特征”。

（一）小学生的年龄特征

在我国，小学生的年龄一般与童年期的年龄相吻合，即自六七岁到十一二岁。童年期是人生重要的起步和奠基时期，此时的教育将会起到十分重要的作用。正如江河的源泉，水性柔和，稍用一点人力就能将它引向别处，使河流的方向发生根本的改变。[②] 童年阶段的年龄特征，从发展速度上

① 叶澜 . 教育概论 [M]. 北京：人民教育出版社，1991：249-250.
② 约翰 · 洛克 . 教育漫画 [M]. 徐诚，等译 . 石家庄：河北人民出版社，1998：3.

看是一个相对平稳的时期。学生的身体缓慢生长，心理上一般也没有尖锐的自我冲突。

1. 小学儿童身体发展的特点

（1）身高和体重

身高和体重同时标志着儿童身体内部器官，如呼吸、消化、排泄系统以及骨骼、肌肉的发育情况。国家体育总局发布的国民体质监测公报显示，从2005年到2015年十年间，我国小学生的身高和体重发育情况较以前有明显提高。2005年我国7岁男女儿童的平均身高从124.2厘米和122.6厘米分别增长到2015年的126.6厘米和125.1厘米，12岁男女儿童的平均身高分别从150.6厘米和150.8厘米增长到2015年的154.5厘米和153.7厘米，增长幅度在2—3厘米；7岁男女儿童的体重分别从24.5千克和23千克增长到2015年的26.6千克和24.7千克，12岁男女儿童的平均体重分别从2005年的41.7千克和40.6千克增长到2015年的46.6千克和44.5千克，增长幅度在2—5千克；7岁男女儿童的胸围分别从2005年的59.2厘米和57厘米增长到2015年的60.6厘米和58.1厘米，12岁男女儿童的胸围分别从2005年的71.3厘米和70.9厘米增长到2015年的74.1厘米和76.3厘米，增幅在1—6厘米[①]。这说明随着人民生活水平的改善和提高，我国小学生的身体发育也得到良好的发展。

（2）大脑和神经系统的发展

脑和神经系统是儿童发展的基础。脑和神经系统发展主要体现在脑重量的增长、脑皮层结构的复杂化和脑电波的改变上。生理学研究表明，儿童7岁时脑重量达1 280克，12岁时已接近成人的水平。从大脑皮层的发展情况来看，在小学阶段，大脑皮层逐渐趋于成熟，大脑皮层的成熟奠定了记忆、思考等高级心理活动的基础，为他们顺利完成学习和生活任务提供了基本保证。

（3）身体其他系统和组织的发展

小学阶段儿童的骨骼系统发展迅速，随着骨骼的增长，小学生的肌肉大小和力量都逐渐增加。要注意的是，小学生的骨骼肌肉还未达到成人的水平，特别是韧带薄而松弛，肌肉力量也还较小，一次运动量不能过大，而且在活

---

① 国家国民体质监测中心 . 2005—2015 年国民体质监测公报 [EB/OL].（2020-10-21）[2022-11-25]. http://www.sport.gov.cn/n323/n10459/c966694/content.html.

动中成人要注意保护，防止骨折、脱臼等意外事故的发生。

伴随着整个身体的增长发展，小学生的心、肺重量和容量也继续增大。但是小学生的身体还相对薄弱，过于激烈的运动会导致心肺负担过重，成人要注意做好保护。

2. 小学生心理发展的特点

童年期的发展主要表现在学生的心理方面，与幼儿相比，小学生在认知、情感和意志品质方面都有很大的发展。

（1）认知方面的特点

与幼儿相比，小学生的认知不仅有量的增加，而且有质的变化。在认知来源上，由口头语言、形象实物为主向以书面语言、非实物伴随的概念为主转变。在认知过程中，小学生已能有意识地在教师指导下学习，但也不可否认，小学生的认知水平还是比较低的，特别是他们的思维还处于一种由低级的具体形象思维逐步向高级的抽象逻辑思维发展转变的过程中。另外在童年阶段小学生的道德认知和道德评价水平还是比较肤浅的，还不能达到高级的抽象水平。

（2）情感方面的特点

小学生的情感体验开始丰富和复杂起来。他们这时的情感因素已不局限于个人的生理或心理需要的满足，他们能感受到别人较复杂的情感并与其进行层次丰富的情感交流，这是儿童开始社会化的一种表现。但是小学生的情感具有浅显性和易变性的特点。一方面他们还不善于掩饰自己的情感，常常不自觉地表露出来。另一方面他们的情感很容易随时间、情景的变化而改变。对他们来说，没有持久的悲伤，也没有不能忘怀的欢乐。

（3）意志品质方面的特点

儿童的意志在小学阶段有较大的发展，这个时期是锻炼其优良意志品质的最佳时期。与幼儿不同，他们能按活动的要求计划自己的行为，对自己的行为能加以有意的注意和反思，并对他人的评价作出比较和选择。当然小学生的意志力从总体上讲还是比较薄弱的，他们对自己的行为还缺乏较强的自控能力，这就要求教育者给予引导和帮助，为培养学生良好的意志品质做出努力。

（二）中学生的年龄特征

中学生是指年龄在十二三岁至十八九岁的初中和高中阶段的学生，相当于人生的少年期和青年初期。

1. 中学生的生理特点

（1）身高体重迅速增长

初中学生正处于人生的第二个生长高峰时期，由于内分泌中生长素的作用，他们的骨骼肌肉等发育极快，逐步趋于成熟，促使身高体重猛长，根据2005年和2015年国民体质监测公报统计（表9-1），男女中学生的身高年平均增长2.07厘米和1.47厘米，男女中学生的体重年平均增长4.13千克和2.26千克。高中生身体发展已接近成熟，其身高、体重以及胸围跟成人已相差无几，尤其是现在生活水平的提高，我国中学生的身高较改革开放初期有了明显的变化。但堪忧的是，自2000年以来，我国国民各年龄组人群的身高、体重、皮褶厚度等指标尽管呈持续增长趋势，但体重、皮褶厚度等指标增长幅度大于身高，应引起我们的高度重视。

表9-1　中学生身高、体重比较①

	年份	性别	年龄						平均值
			13岁	14岁	15岁	16岁	17岁	18岁	
身高/厘米	2005年	男	157.9	163.7	167.7	169.7	170.8	171.0	166.80
		女	154.9	157.0	158.0	158.6	158.9	159.0	157.73
	2015年	男	161.4	166.5	169.8	171.4	172.1	172.0	168.87
		女	157	158.7	159.4	159.8	159.8	159.4	159.02
体重/千克	2005年	男	46.7	51.6	55.3	58	59.6	60	55.20
		女	44.7	47.4	49.4	50.5	51.2	51.5	49.12
	2015年	男	52	56.2	59.5	61.5	63.3	63.5	59.33
		女	48	50.4	51.6	52.7	53	52.6	51.38

（2）性成熟的开始与性意识的发展

进入初中阶段，随着学生身体的发育，其性器官也开始迅速发育。“第二性征”开始出现，男女两性开始长出阴毛，继而出现腋毛，女生乳腺开始发

① 国家国民体质监测中心．2005—2015年国民体质监测公报[EB/OL].（2020-10-21）[2022-11-25]. http://www.sport.gov.cn/n323/n10459/c966694/content.html.

育，盆骨变宽，最明显的是出现月经初潮。男生睾丸增大，长出胡须，喉结突出，声音变粗，并开始遗精。我国男女学生性成熟的年龄平均在十一二岁至十六七岁。目前有提前的趋势，一般 9 岁至 18 岁均属正常。性成熟促使其性意识的觉醒和发展，主要表现为他们对异性产生了兴趣，有相互了解和交往的需要。教育者要根据情况对他们的交往进行指导，使交往走向健康、有益的方向，切忌一味地打压和拦堵。

（3）脑和神经系统的发育迅速成熟

初中学生大脑神经纤维的数量大大增加，神经联结也在迅速广泛地形成，到十三四岁，大脑发育基本成熟。高中学生神经系统发育基本成熟，大脑兴奋和意志过程基本平衡，神经系统的联系和机能的复杂化进一步发展。

根据以上中学生的生理特点，教师要教育他们科学用脑，劳逸结合，合理的营养和适当的体育锻炼相结合，增强体质。另外还要特别加强青春期卫生保健和性道德教育，积极开展有益的活动，增进学生间的交流，使他们都能正确对待异性的特点，消除由于好奇心而带来的苦恼和不安。

2. 中学生的心理特点

（1）中学生认知发展的特点

在认知方面，各种学科的开设以及学科知识体系的更加完整，促进了中学生思维能力的发展，抽象、概括和逻辑推理能力明显增强，其学习迁移能力也有了很大提高。学生在认知上的另一个重要特点是独立思考和判断能力的增强，由于他们已掌握了一定量的知识，拥有了丰富的生活经验，他们对发生在周围的人和事，不再是人云亦云，而往往是以“成人”的姿态表明自己独立的评价和见解。

（2）中学生情感方面发展的特点

中学生的情感已从具体、表面逐步转为内在、深刻。例如，他们热爱学习的情感不单停留在学科成绩及格和老师家长的表扬与奖励上，而是进一步把自己的学习同班集体的荣誉和自身的发展相联系。与学龄初期的学生相比，中学生的内心世界和精神生活显得丰富多彩，充沛的精力使他们求知欲旺盛而不知疲倦。另外，虽然中学生的情感的稳定性比学龄初期的学生有所增强，但他们情感的两极性明显，易冲动，常为一点小事而动怒生气，甚至大打出手。这些都需要教师给予注意并指导学生提高自我调节和控制能力。

（3）中学生自我意识发展的特点

中学阶段是人的自我意识发生突变的时期，也是中学生个性获得健全发展、进行自我教育的关键时期。中学生自我意识发展表现为成人感的增强和独立意向的发展，但愿望与能力存在矛盾，渴望独立，又难独立；想成为一个大人，但社会还把他当成孩子看待，因而在实际生活中往往与成人产生对立情绪，采取不合作态度，出现“代沟”。难以预料的行为接踵而至，家长叫苦不迭，防不胜防。他们希望摆脱父母的监视、庇护，摆脱家庭的约束。有的甚至反感或对抗起来，总想独立地处理自己生活中所碰到的各种事，自己决定自己的命运，不愿意向父母倾吐心声，拉大了心理的距离。其实从少年期来看，这是正常的现象，但是教师和家长要时常关注他们的发展动态，以防他们被不法分子利用而走向犯罪。

综上所述，中学生处在儿童期向青年期过渡的时间段，是个半幼稚半成熟的年龄阶段，是教育最关键的时期，也是教育者最操心的时期。因此这一阶段教育的总目标可以形象地比喻为“帮助孩子起飞的时期”，既不要折断他们的翅膀，也不能任其起飞，而是顺势助一臂之力，送他们上青天[①]。

五、学生的个性差异与教育

个性差异是指学生个体之间在身心发展过程中所显示出来的差别。同一年龄阶段的学生除了共同具有其年龄特征之外，每个学生还都存在着与其他学生不同的特点。辩证唯物主义认为，世界上的事物之所以千差万别，是因为它们具有区别于其他事物的特殊本质，具有其个性，由于世界上的事物又是互相联系的，同类事物中包含有某种共同的本质，也就是有其共性，因此一切事物都是个别与一般、个性与共性的统一，既要承认共性的存在，又不否定个性的存在。这个原理为我们的教育工作者提供了对学生因材施教的依据。本节我们将从学生的性别、智力因素和非智力因素三方面的不同，分析不同类别学生的特点和教育。

① 叶澜．教育概论 [M]. 北京：人民教育出版社，1991：275.

（一）学生的性别差异与教育

男女学生从小学阶段开始在身心发展上显示出一定的差别。就总体而言，一般是女生观察事物比较细致，记忆力强，表达能力较好，多擅长于形象思维，在作文中运用词汇进行描述常表现出优势。相比而言，男生则兴趣广泛，好奇心强，胆大好动，对有兴趣的事物注意力更集中，有较好的抽象思维能力等。造成这些差异的原因是多方面的，有生理上的原因，如生理遗传学研究表明，男女两性大脑两半球偏侧性功能和专门化的发展有区别。男孩右脑的专门化早于女孩，而女孩左脑支配语言的部位比男孩发展快。此外，在染色体的构成上以及生理发育的早晚上男孩女孩均存在差异。另一个原因就是社会传统观念的影响。我国长期封建社会流传下来的重男轻女观念使人们认为男子应坚强、勇敢、有进取心和竞争意识、有主见等，女子应温柔、耐心、恬静、善操持家务等。所以从小学起，许多女生比男生拘谨、胆小、活动面窄。

基于以上分析，学校和教育工作者应有的态度是：首先，要树立正确的观念，既要承认性别的差异是或多或少存在的，又要明确男女学生智力发展可能达到的高度是相同的；其次，各阶段的教育，特别是基础教育时期，要切实针对学生发展过程中的特点，做到扬长补短。不能因为学生的记忆力好就一味地教一些该熟记的知识内容，好奇心强就多给一些创造、探索研究的机会。同时也要尽量弥补其不足，如对多靠记忆获得好成绩的要提示他懂得思考比记忆更重要，告诉他“学而不思则罔，思而不学则殆”的道理。此外，无论是男孩还是女孩，应该同时具备男女两性特征应该具有的优越性，如女孩除具有传统的特点之外，也应发展她们竞争和独立的意识、有主见、善推理等传统的男性特点，男孩除具有传统认为的男性特征外，还应发展其敏感、细致等一些传统的女性特征。这样男女学生不仅可以实现特性互补，而且可以在将来复杂的社会中适应多种工作的要求。

（二）学生的智力因素差异与教育

学生在智力发展上有差别是客观存在的。在日常生活中我们有时说某某儿童很聪明，实际上是就他的智力而言的。为便于测量智力，1905 年法国心理学家比奈（A. Binet）和西蒙（T. Simon）合作编制出了世界上最早的智力量表，即著名的比奈－西蒙智力量表。后经过多次修订，成为最有影响的一个。它的计算公式是：IQ（智商）$=MA$（心理年龄）$/CA$（实际年龄）$\times 100$。通过大量的测量统计，心理学家发现儿童的智商呈常态分布，即智力超常儿童（130 以上，有的认为是 140 以上）和智力低下儿童（70 以下）各占约 3%。至于这个数字是否准确或合理程度如何，我们姑且不论，但一般认为智力超常与智力低下者是极少数，这是符合实际的。

古今中外，有许多关于“神童”的记载和报道。中国东汉时期的曹植 10 岁写诗受人称赞，唐朝李白 5 岁诵六甲、10 岁观百家，王勃 6 岁能赋并作《滕王阁序》。外国有大诗人但丁 7 岁开始作诗，大音乐家莫扎特 5 岁开始作曲……近年来报刊上对“小作家”“小画家”“小发明家”等时有报道，尤其是“小作家”频频问世。如 17 岁的韩寒写出《三重门》，8 岁的高靖康写出了一本 8 万字的《奇奇编西游记》，8 岁的蒋方舟写出了《打开天窗》、10 岁时又推出了《正在发育》，南京市没上过一天学的 6 岁小朋友窦蔻写了小说《窦蔻流浪记》等，不管媒体是否在炒作，这些小小年纪的孩子的确很了不起。

对智力超常学生进行教育的要求是：首先，要注意及早发现，及早培养，只有早期发现才能不失时机地进行及早培养；其次，智力超常的学生一旦被鉴别出来，学校可以采取如跳级、丰富课程内容或单独编班的方式给这些学生以重视和照顾；再次，要对智力超常学生进行思想教育，警惕他们骄傲、自大、不思进取。

同样对智力发展缓慢及智障者学生的教育也应给予重视，除设智障者学校、智障者班外，教师应该特别为其制定适合的教学目标和教学原则。如尽量不使其失败，辅导和教授难度小的内容，教学步子尽量小，注重学以致用等。总之，对他们要给予更多的关心和耐心。

（三）学生的非智力因素差异与教育

非智力因素从广义上讲，指除智力因素以外的一切心理因素。从狭义上讲，它是指和智力有关系，并对智力起作用的那些个性因素，主要包括动机、抱负、理想、意志和坚定性，兴趣与求知欲，情绪的稳定性、独立性、好胜性、自我意识等。

非智力因素的个别差异呈复杂状态，通常表现为方向、性质、强度等方面的差异。如学生兴趣的差异，在兴趣的广阔性上，有的学生兴趣广泛，对天文、地理、音乐美术、文学写作等都感兴趣；在兴趣的倾向性上，有的学生偏爱自然科学，有的学生偏爱人文社会科学。又如，在学生学习动机方面，有的学生由好奇心引发的认识动机强烈；有的学生自我提高的动机突出；有的则把获得别人（如教师或家长）的表扬和奖励作为努力学习的动机。再如，在学生意志品质上的差异，有的学生意志坚强，学习目的明确，学习自觉性较强，他们能克服困难，坚持学习，为提高学习效率而努力；有的学生则意志薄弱，自控力差，往往学习的自觉性不够，知难而退。研究表明，意志水平的高低与学业成就好坏有高度的相关。此外学生在性格、气质等方面都存在差异，这里不再一一列举。

非智力因素是学生发展的重要方面，对智力发展起着调节和推动作用。罗森塔尔和雅克布森所谓“智力发展预测”的实验，就是对这一作用的有力证明。我国心理学家燕国材提出了影响学习的三个因素：外部因素、智力因素和非智力因素，并认为如果外部因素相同的话，学习的效果（A）就是智力因素（I）和非智力因素（N）的函数：$A=f(IN)$。传统教育多注重智力发展，对非智力因素的发展重视不足，没能充分发挥非智力因素的作用。研究表明，学生学习成绩的好坏，往往不是取决于智力水平的高低，而是取决于非智力因素的差异。因此，重视非智力因素的差异，采取相应的教育措施，既是促进智力因素发展的重要手段，又是学生个体良好发展的重要内容。首先，教师要奉献爱心，建立和谐师生关系，以满腔的热情感染学生；其次，教师要营造良好心理氛围，培育学生的成功感和自信心；再次，教师要努力加强课堂教学，提高教学能力，增强教学的艺术性。

总之，教学工作不仅要认识学生发展的共同特性，又要充分重视每个学生的个别差异，做到因材施教、有的放矢。要能够发挥每个人的潜力和积极因素，弥补个人的短处和不足，长善救失，选择最有效的教育途径，使具有各种个别差异的学生都能各得其所地获得最大限度的发展。

第二节 了解学生

一、了解和研究学生的意义

（一）从学生个体层面，了解和研究学生可以做到因材施教、因人而异，提高育人效能

学生的身心发展特点告诉我们，学生的发展具有个别差异性，不仅生理特点有差异，心理特征也有差异；不仅不同年龄、性别有差异，同性别、同年龄也有差异。因材施教的首倡人是教育家孔子，孔子在教育中，能根据不同学生的特点进行施教，可以说是因材施教的典范。

子路问："闻斯行诸？"子曰："有父兄在，如之何其闻斯行之？"冉有问："闻斯行诸？"子曰："闻斯行之。"公西华曰："由也问闻斯行诸，子曰，'有父兄在'；求也问闻斯行诸，子曰，'闻斯行之'。赤也惑，敢问。"子曰："求也退，故进之；由也兼人，故退之。"（《论语・先进篇》）

当前国家一直在推行素质教育，让学生全面发展，尤其是学生的个性得到充分的、健康的发展，因此，作为班主任，如果能了解每个学生的身心特点，并根据每个学生的特点，制定不同的教育方案、措施，必将提高育人的质量。从这一点来讲，班主任教师的责任更加重大。

（二）从班集体层面，了解和研究学生可以有效组织和管理班集体，提高管理效能

我们知道，班集体是一个具有共同奋斗目标的正式组织。班级中的孩子千人千面，人心不同，要想统一他们的思想认识和行为，必须做好科学细致的管理。班主任只有全面深入地了解每个学生，才能做到知人善任，让每个学生担任不同的岗位角色。中国著名教育家魏书生的班级管理经验是人人有事做，有负责考勤的、有负责收费的、有监管做操戴手套的，结果班级被治理得井井有条。班主任只有全面深入了解学生，才能有效组织班级活动，每一项班级活动的开展，都离不开学生的参与和组织，哪些学生具有良好的组织能力，哪些学生善于社交，哪些学生心思缜密，哪些学生又擅长宣传写作

等，所有班级活动都离不开这些学生的参与，只有了解他们，才能让他们在活动中发挥聪明才智，得到锻炼。班主任只有全面深入了解学生，才能有效转化后进生的工作。每个班里都有或多或少的在思想上表现不够积极的学生、在品行上不够端正的学生，这些学生往往学习成绩较差，耗费了班主任大量精力和心血，如果班主任能深入了解他们，就可以长善救失，发扬他们身上的积极因素，克服消极因素，变被动为主动，变后进为先进。

（三）从学校层面，了解和研究学生有利于配合家庭和社会机构做好学生教育工作，促进学生健康成长

中小学生正处于长知识和长身体的阶段，需要家庭和社会给予关注和支持。首先，班主任需要与家庭进行沟通合作，从孩子的在校表现、个人特点、发展方向等方面与家庭进行沟通，取得家长的理解和支持，班主任必须了解学生，否则影响沟通效果；其次，学生需要社会的关注，需要接触社会并在社会环境中健康成长，因此班主任要了解学生的行为和心理动向，对他们进行及时有针对性的教育和辅导，从而使其得到锻炼和成长。

二、了解和研究学生的内容

（一）学生的生理和心理情况

1. 了解学生的年龄及身体发育状况

我们所面对的学生，都正处在青少年时期。我们应了解学生的年龄及身体发育状况，在教育中采取不同的方法，让每个学生都能学会合理地休息和适度地锻炼，使每个学生都能够健康成长。

2. 了解学生的智力情况

人的智力总是有差异的，总体差异并不大。但一个人总会有自己的强弱项。班主任要根据学生各方面的智力特点，有目的地发展学生的强项，对学生的弱项要正确看待，以减轻学生的心理负担，增强学生的自信心，全力开发学生的智力因素，全面发展学生的能力。

3. 了解学生的心理状态

教师只有把握了学生的心理状况，才能真正明白学生这样做或那样做的原因，尤其是问题学生的思想病因才能找准，教师才能做到有的放矢、对症下药[①]。

（二）学生的家庭环境和社交环境

1. 了解学生的家庭背景

一个人的成长首先接受的是家庭教育，处在不同的家庭，孩子的行为习惯、个性特征都有所不同甚至有很大的差异。教师必须对这些情况做细致的了解，并针对不同学生的家庭背景选择合适的教育方法。

2. 了解学生的交往

学生彼此之间建立有各种各样的关系，如班组关系、团队组织关系。此外，同学之间因共同的兴趣爱好、邻里关系、家庭条件相仿等，形成密切的伙伴关系。前者称为正式关系，后者称作非正式关系。这两种关系并存，相互产生着影响，组成了一个比较复杂的社会关系网。由于正式关系与非正式关系组合情况的不同，就会形成不同类型的班级。班主任首先要了解这个班的群体关系属于哪一种类型、今后发展的趋势将是什么。据有些社会学家的研究，班内的群体关系大致可划分为四种类型。

（1）松散型

班集体中没有形成核心力量，同学之间缺乏感情和友谊，班级的荣辱都不能引起他们感情上的反响。

（2）少数人联合型

班干部威信不高，没有公认的核心人物。这时班上表现为多中心，不少学生都有几个要好的朋友。也有一些学生不合群。这个时候的小团体并不十分巩固，几个要好的伙伴往往因某些小事而“翻脸”，也可能与别的同学另行组团。

（3）团体型

班上已经有了几个比较有影响的核心人物，他们的周围也都有一批拥护

① 马多贵 . 全面了解学生在班主任工作中的重要性 [J]. 学周刊，2015（10）：202-203.

者。形成这种团体的原因是多种多样的。班上只有少数人不在团体之中，可能是由于他们不合群，也可能团体成员讨厌他们。

（4）集体型

有比较团结的核心人物（大多是班里的主要干部），有共同的奋斗目标、正确的集体舆论、严格的组织纪律。在这种班集体中还会有一些非正式关系的小团体和一些不关心集体的同学。但他们对整个集体没有多大的影响。

其实，每个班级里的学生交往都可以编制一张社交网。如某位班主任将每个学生的学号用圆圈括上，该生最愿意和谁在一起就用单向箭头，把两者联系起来；如果双方互选就用双向箭头表示。我们从方阵图中连接人数最多的学号开始，凡是愿意与他合作的就用箭头线联系起来，把全班每个学号都画进去，形成一张网络图（如图 9-1 所示）。

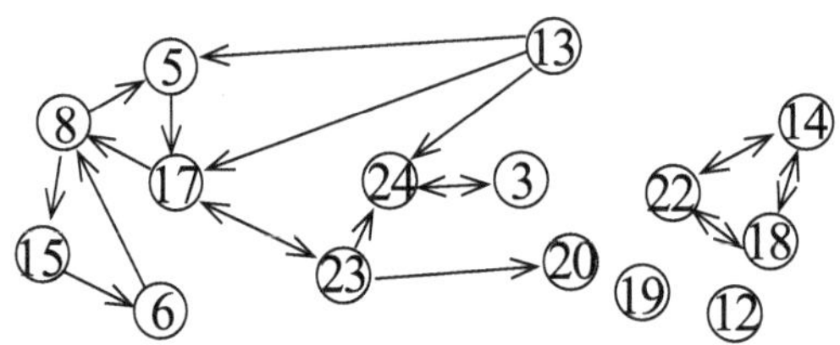

图 9-1　班级学生社交网

从这张图上，我们可以看出，班上有三个小团体，即 5、8、17、15、6，13、3、24、23、20 以及 22、14、18，前两个小团体由于 5、17、13 从中联络，相互有些往来，而最后一个小团体就缺乏联络人。另外，还有两个同学 12、19 游离于集体之外。17、24 是他们中间有影响的人物[①]。

（三）学情、思想、性向

1. 了解学生的学情

了解学生的学习情况是班主任了解学生的最主要的方面。班主任必须对每一位学生的学习情况心中有数，才能在对学生进行管理教育活动时得心应手，效果也会事半功倍。班主任对学生学习情况的了解主要包括学生的学习态度、学生的学习方法、学生的学习成绩等。

① 陈彦彬 . 了解学生的几种方法 [J]. 天津教育，1983（6）：13-15.

2. 了解学生的思想

学生的思想表现不同，内心活动各异。学生的思想主要包括政治观点、立场，法纪观念、道德认知等。有的学生思想进步、积极向上，有的学生思想正能量不够、消极；有的学生遵守公共秩序、有的学生经常违反纪律；有的学生品德表现优良、有的学生则表现为品德不良等。这些情况班主任教师都要了解掌握。

3. 了解学生的性格兴趣

学生的爱好各有不同，有的喜欢文科、有的喜欢理科；有的擅长体育、有的喜欢美术、还有的擅长音乐；有的喜欢动手、有的喜欢动脑；有的喜欢安静、有的喜欢热闹等。

三、了解学生的方法和方式

（一）通过相关人员了解

1. 学生家长

家长是学生的第一任老师，是学生的抚育者、教养者和监护者。家长最熟悉学生的思想、性格和兴趣，班主任要与家长互相交换意见，互通信息，达成教育孩子的共识。比如家访，利用电话、信件、网络联系，建立家校联系卡等。

2. 任课教师

任课教师对学生都有不同程度的了解，综合所有任课教师对学生的了解，会使班主任更全面地了解学生。班主任要主动联系任课教师，了解学生的各科学习状况、兴趣爱好以及学生在不同场合、不同情况下的表现，必要时可以召集任课教师交流会，对典型学生的教育问题进行分析研讨，共同合作，进行针对性教育。

3. 班干部

可以定期召开班干部会议，听取他们汇报班级状况和对班级工作的意见。班主任要与班干部多联系、多交谈，了解情况，指导他们做好同学的工作，发挥骨干作用。

（二）运用研究方法了解

1. 问卷调查法

问卷调查能够比较全面地反映学生对学校班级和教师的意见与要求，也可以通过专题性的问卷调查了解学生对某些问题的态度和看法，如心理问题、同学关系等，这是班主任全面了解学生，改进工作，提高班级思想道德教育的有效做法。

2. 观察法

观察法是班主任在自然情况下有目的、有计划地对学生进行了解和研究的方法。这是最常用、最基本的一种方法。观察法应当注意以下几点：一要有明确的观察目的；二要有科学可行的观察计划；三要及时做好记录；四要对材料进行整理和分析，去粗取精，透过现象找到本质；五要对观察结果作出阶段性的评价，并提出改进教育方法的措施。

3. 谈话法

谈话法是班主任有目的、有准备地与学生通过对话方式了解学生情况的一种常用方法。班主任与学生交谈多采用心灵置换的方式，可以把自己的亲身经历和心理体验告诉学生，多站在学生的角度去分析问题，使交谈进入一种推心置腹的平等、轻松的状态，让学生信任老师，愿意与老师说心里话。与学生交谈，要多到学生中去，主动去教室、学生宿舍，拉近与学生的距离。在教室可询问学生的学习状况，在宿舍多了解学生的生活情况。要随意交谈，自由交谈，多帮助学生排忧解难，发现学生存在的问题，多沟通、少批评。要注意谈话技巧，对性格内向、不善言谈的学生要语气温和、循循善诱，对性格开朗、坦率直言的学生要以诚相待。

4. 作品分析法

作品分析法也叫资料分析法。书面档案材料是记载学生过去情况的资料。主要是记载学生基本情况和过去的表现情况，如年龄、身体状况、家庭情况、民族等，以及记载学生品德表现和成绩的资料。从这些记载中可以了解学生的大概情况，这些是深入了解的基础。此外，书面材料也可以是学生的日记、周记和作文等。

四、了解和研究学生的要求与注意事项

（一）基本要求

1. 全面

全面是指班主任不但要了解、研究学生骨干，也要了解、研究各种类型、各种特点的学生。尽管对他们的了解、研究可以有先后，但必须力求全面。应包括学生情况的各个方面，即依照教育目标，对学生的德、智、体、美、劳诸方面都进行全面的了解、分析。不仅要了解、研究学生在校的表现，还要了解、研究学生在家庭和社会上的表现；不仅要了解、研究学生个人的情况，还要了解、研究学生之间、学生与班级的关系等方面的情况。

2. 经常

经常指对学生的了解要具有连贯性，要时不时地了解和研究他们，不仅要了解学生过去的表现，更要了解、研究学生最近的表现。

3. 及时

对掌握的情况要及时进行分析，对于一个班级或某一学生、对于各个不同的阶段或不同的问题都应如此。先要及时发现并抓住出现的一些苗头、征兆，然后加以引导，这样可以防微杜渐，可以创造或捕捉教育的最佳时机。

（二）注意事项

了解不是目的，而是教育的手段。教师在了解学生的过程中，应该注意确立正确的态度和使用正确的方法，应避免以下几种不恰当的方法①。

1. 偏听偏信

教师在了解学生的过程中应注意把握学生的全面情况，要弄清楚事情的来龙去脉，要多分析几种可能。为此，要特别注意防止偏听偏信。提供情况的人，可能从某一角度看问题，或者从某种成见出发看问题，所以对于各方面反映来的情况，教师要冷静思考，综合分析，避免偏听偏信。

2. 道听途说

道听途说的东西，往往带有以讹传讹的性质，或者带有不切实际的成分，

---

① 鲍亚．如何深入地了解学生 [J]. 新课程学习（上），2014（11）：34.

因此不能作为了解学生的依据，更不能作为教育学生的基础。通过道听途说来了解学生，本身就是一种不负责任的行为，同时会在学生中形成不良的风气，所以班主任要切实地防止对材料不加选择、不加分析的错误做法。

3. 信息泄露

学生的情况班主任最了解，尤其是学生的隐私信息，如学生的某些生理缺陷、私人信件、心理问题、家庭丑闻等千万不得透漏给他人，以免伤害学生的自尊心，否则，学生从此会向班主任关闭交流的心扉。

案例：某知名中学的一名女生，军训期间被子叠不好，结果被班主任教师给扔到操场上，在大庭广众下批评学生，致使其当众出丑。后来该女生就患上了抑郁症，被迫辍学康复治疗。

思考与行动：

1. 中小学学生的身心特点有哪些变化？
2. 了解学生的方法有哪些？
3. 编制一份了解中小学生情况的问卷并实施调查。

第十章　班级工作计划与目标

第一节　班级工作计划

古人云：“凡事预则立，不预则废。”教学环节和研究环节中的备课和填报申请书，都是在制订教学计划和研究工作计划。那么制订班级工作计划都需要掌握哪些内容、注意哪些事项？本节我们来一起学习。

一、制订班级工作计划的重要性

班级工作计划是根据学校工作计划安排以及班级学生实际情况，由班主任与全体学生和任课教师围绕班级管理目标共同编制的具体行动方案。关于计划，苏霍姆林斯基认为，“计划是教育工作的组成部分。没有计划，在我看来，就无法想象会有完全合格的教育工作，特别是无法想象教育工作的那些我所谓难以捉摸的组成部分”[①]。

1. 对学校而言，制订班级工作计划是落实学校教育计划的重要体现

班级工作是整个学校工作的一个组成部分，只有制订好周密的班级工作计划，才能有步骤地把学校的教育计划落实到位，使学校培养目标具体化、阶段化和层次化，以保证学生的健康发展。

---

① 苏霍姆林斯基 . 给教师的一百条建议 [M]. 周蕖，王义高，刘启娴，等译 . 天津：天津人民出版社，1981：258.

2. 对班级而言，制订班级工作计划，是班级管理中的基本环节，也是班主任开展班级工作的基本纲领

对班级来讲，班级工作计划是班级建设和管理的行动纲领。班主任制定计划目标，并向学生公布，才能充分调动学生的积极性，向着明确的目标，沿着既定的路线，循序渐进，有步骤、有组织地开展工作，从而收到事半功倍的效果①。

3. 制订班级工作计划，可以增强班级管理的目的性和针对性，提高班级管理效率

有了计划，就有了明确的奋斗目标和具体的工作程序，就可以更好地统一同学们的思想认识，协调一致行动，增强工作的自觉性，减少盲目性，调动学生积极性和创造性。

二、制订班级工作计划的依据

在新学期开始，班主任教师都会做一项最基本的工作，那就是制订本班级的学期或学年工作计划。酝酿班级计划，是班主任教师全面分析、反思和了解班级学生的机会。

（一）上学期或学年工作总结

制订计划前，班主任应客观公正地总结上学期的工作，实事求是地分析当前班级学生的情况。如：上学期计划完成的情况怎样、哪些工作是有成效的、有哪些好的经验、有哪些存在不足的地方、还需要在哪些方面加强力度等，都要进行分析和反思。

（二）上级教育部门指示精神

主要包括党和国家的教育方针、政策法规以及上级教育行政部门的指示和要求。新时代有关的教育法规列举如下。

① 陈尚弼．班级工作计划制定浅议 [J]. 滁州师专学报，2003（2）：12.

1.《中华人民共和国教育法》(2015 年修订);

2.《中华人民共和国义务教育法》(2015 年修订);

3.《中华人民共和国未成年人保护法》(2012 年修订);

4.《学校食品安全与营养健康管理规定》(2019 年 2 月 20 日);

5.《教育部等九部门关于印发中小学生减负措施的通知》(教基〔2018〕26 号);

6.《教育部 共青团中央 全国少工委关于严肃规范红领巾等少先队标志标识使用的通知》(教基函〔2018〕8 号);

7.《教育部关于印发〈义务教育学校管理标准〉的通知》(教基〔2017〕9 号);

8.《教育部关于加强家庭教育工作的指导意见》(教基一〔2015〕10 号)。

除此之外,还有《中小学德育工作规程》(教基〔1998〕4 号)、《学生伤害事故处理办法》(2002 年 6 月 25 日教育部令第 12 号)、《教育部关于进一步加强中小学班主任工作的意见》(教基〔2006〕13 号)、《中小学幼儿园安全管理办法》(2006 年 6 月 30 日中华人民共和国教育部令第 23 号)、《中共中央国务院关于加强青少年体育增强青少年体质的意见》(2007 年 5 月 24 日)、《学校艺术教育工作规程》(2002 年 7 月 25 日教育部令第 13 号)等。

(三)学校工作计划

学校工作计划为整个学校管理规定了明确的任务,对教育目的和当前形势做出了明确分析,它是制订班级工作计划最直接的依据。具体而言,要学习学校年度工作要点或工作计划,一般而言,每个学校都会有学年编制、学周安排,班主任教师要在完成学校工作任务的基础上,根据自己所管理班级的特点,列出相应的班级管理想法、任务。

(四)班级实际情况

班级情况包括学生人员构成、学习状况、思想状况、体质状况和班级特点等。班级状况是制订工作计划的基础,只有从班级状况出发,才能使班级工作计划有针对性,切实可行。

（五）教育科学理论

班级工作计划必须符合教育规律和青少年身心发展的特点，这样实施起来才科学合理。制订班级计划要查阅相关教育科学理论书籍，熟悉相关知识，提高计划编制的理论水平。

（六）间接经验

制订计划时，应重视有关教育信息，了解最新教育动态，学习和借鉴别人的管理经验，博采众长，为我所用。如多向有经验、善管理的其他班主任学习，甚至也可以向有此方面经验的学生家长学习。

三、班级工作计划的种类和内容

（一）学期计划

这是学期开始时制订的计划，是整个学期班主任工作的总纲，它主要由四个部分组成。我们以某小学三年级某班 2016 年班级计划为例进行阐述。

1. 基本情况分析

基本情况分析包括班级总人数、男女生人数、学生年龄、特点、思想品德状况、学习现状、体质状况、班干部队伍状况、班级学生中的人际关系等。对班级基本情况的分析是确立班级工作任务的基本依据。

案例：2016 年某小学三年级班级计划（班级情况分析部分）

本学期，我班共有学生 41 人，其中男生 14 人，女生 27 人。从上学期的各方面情况来看，本班总体还是不错的，班风积极健康向上，学生思维活跃，班干部的工作能力有很大提高，大部分学生已经逐渐养成良好的学习习惯，但是仍不排除少数自控力较差的学生，在班级管理上有一定的难度。这部分学生学习自觉性比较差，学习主动性不强，作业不能按时完成，上课不能专心听讲，自控力比较弱。本学期仍应进一步培养学生良好的学习习惯，争取引导个别学生有明显进步，顺利完成各科学习任务。大胆放手让学生自己干力所能及的事，并做好组织引导工作，最大限度地营造一个守纪、进取、勤奋、活跃的先进班集体。

2. 教育任务

在对班级基本情况分析的基础上，根据学校本学期中心工作任务，明确规定本学期应达到的教育目标。确定教育任务应抓住重点，突出中心任务。

案例：2016 年某小学三年级班级计划（目标任务部分）

（1）培养学生良好的行为规范，弘扬正气，逐步形成守纪、进取、勤奋的班风。

（2）巩固良好班风，完善班级管理制度，增强学生的集体荣誉感，凝聚挖掘班级各方力量，提高班级整体水平。

（3）加强学风建设，培养学习兴趣，明确学习重要性，注重学法指导，提高学习效率，力争期末统考各科成绩再上一个新台阶。

（4）与学生融洽相处，建立新型师生关系。

3. 具体措施

班级计划中的具体措施就是为完成班级教育任务而采取的各种办法。好的措施应具有针对性、创新性和可行性。

案例：2016 年某小学三年级班级计划（具体措施部分）

（1）加强班风建设，形成一个健康积极的班集体。

①借助“学校德育活动”开展之际，尽快对学生进行各种行为习惯养成教育，从思想、行为、学习、劳动、纪律、休息等各方面进行要求，加速学生班级观念形成，增强学生班级凝聚力。

②加快培养班干部，定期召开班干部会议（每星期由班长负责召开一次班干部会议，每两个星期由班主任主持召开一次班干部会议），听取班干部对本班情况的汇报和建议，及时调整，确定下周行动方案。

③迅速制订班纪班规。由学生自行确立班级发展目标，制订班级公约，作为每个学生言行的准则，师生共同遵守。

（2）加强学风建设，营造良好的学习氛围。

①加强与科任老师沟通，及时了解学生的学习动态。

②定期召开学习委员和课代表会议，了解学生作业的完成情况，对拖、欠作业的学生及时进行教育。

③利用班会课不定期地开展学习交流，促进学生共同提高。

④在班级建立“小组互助学习”模式，开展多种学习竞赛活动，形成

“你追我赶”的竞争氛围。

⑤加强对学困生和后进生的帮助，由班委会和课代表牵头，采取手拉手的形式，实行一帮一。

（3）继续加强法制教育，综合整治管理。

①加大安全、法制教育。加强宣传教育，学习贯彻青少年保护等条例，培养学生法治意识，增强自我保护意识。

②把禁毒教育纳入班会课计划，开展“上好一堂课、阅读一本书、举行一次报告、参观一个展览、观看一部录像、向父母教育一次”的“六个一”活动，使学生了解毒品的危害和预防毒品的基本知识，养成健康文明的生活方式。

③加强网络道德教育，自觉抵制外来诱惑，培养学生的自我保护能力。

④积极主动地加强学校周边环境建设，教育学生做到“三不”，即：不买小摊贩的物品、不吃不洁食品、不在家长陪同下不上网。

⑤进一步加强学生的心理健康教育，培养学生具有健全的人格。要多渠道地了解和掌握学生的心理问题信息，及时帮助学生解决心理障碍。

⑥继续开展好“学雷锋、献爱心”活动，帮助贫困学生，升华爱心教育。

（4）与家长保持正常、经常化的沟通，力争家长的配合，共同管理好学生。

4. 具体工作安排

具体工作安排包括为完成教育任务而打算安排哪些内容以及开展时间等。这部分内容应具体详细，不能粗枝大叶。常见的安排方式有两种：一种是以时间顺序为主线，纵向安排各种具体的活动内容、形式、时间和地点等；另一种从德、智、体、美、劳等方面横向列表，安排各方面的工作。要注意的是，无论采用哪种方式安排，都要考虑实际的可操作性。

案例：2016 年某小学三年级班级计划（工作具体安排部分）

（1）开学前三周加强纪律教育。组织学生重温《守则》《规范》，使每一名学生能够重新对照检查。

（2）组织一次以“自尊、自强、自立、自爱”为主题的教育活动。

（3）对“双差生”进行个别谈话。

（4）配合团委搞好团员正面引导工作。

（5）遵照学校安排开好“家长会”。

（6）纪律方面，发挥班团干部的作用，正面加强引导，继续推行班干部轮流值周制。组织好每周日的班会和每周四的安全教育。禁止旷课，尽量减少迟到、早退现象。

（7）利用半学期形成良好的学习风气。课代表及时与任课教师取得联系，服务于学习。办好本学期的四期板报。

有时候，也可以从德、智、体、美、劳等方面进行表述。如下面湖南师大附中高 156 班的计划就是如此。

案例：

（1）德育：①针对高二学生将面临“升学分流”的现实，加强人生理想教育，举办“天生我材必有用”的主题班会和“人生能有几回搏”的演讲比赛。②针对班内学生性格过于内向的特点，引导学生认识当代的“竞争”趋势，增强参与意识。由每一位同学出一次专刊，以照片的形式介绍自己的成长史和自己的家庭。以“君子当仁不让”为主题开展日常生活教育。③针对班上普遍存在的“代沟”现象教育学生孝敬父母、尊敬师长，协调家庭、师生关系。以“理解双方”为主题进行日常生活教育，同时以为孩子提供良好的学习心理环境为目的进行家庭走访。④引导学生认识学雷锋对于改变社会环境的重要作用，把学雷锋活动长期深入地坚持下去。成立学雷锋活动小组，给学习成绩差的同学补课，同时在校内外做好事。⑤进一步完善班级建设，增强班级成员自我教育、自我管理的能力。开展以“像爱惜生命一样爱惜自己的名誉”为主题的日常生活教育，坚持班级“每日小结制”，指导学生干部制订工作计划。⑥净化日常生活用语，以小幽默、漫画、小品的形式举办“美不美”主题班会。

（2）智育：①提倡勤奋、刻苦的学习精神，开展“勤能补拙”“天才来自勤奋”的日常生活教育。②改进学习方法，养成良好的学习习惯。利用班报、黑板报、经验交流会介绍先进的学习方法。③针对班上学习沉闷的弱点，创造活泼、生动的学习气氛。在教室内开展学习专栏、外语角、每日一练等栏目。④在学好基础知识的前提下，让每个学生各有专长。提出竞争口号：看谁发表的文章多，看谁竞赛的次数多。

（3）体育：①认真上好每一堂体育课和课间操。②实现全班体育达标。③开展各项体育活动，成立班级足球队，举办班级运动会。

（4）美育：①提高艺术欣赏水平。请专业教师进行音乐讲座，举办班级绘画展览。②培养艺术创作能力。举办文艺晚会，举办“摇花”比赛。

（5）劳育：①上好劳技课，掌握打字技术，熟悉家电维修知识。②加强劳动观念，参加社会公益劳动，制作、互送小礼品。③养成良好卫生习惯，制定班级卫生奖惩制度[①]。

（二）月或周工作计划

这是根据学期计划和某一阶段的任务，在当月或当周开始时制订的。这种计划要制订出具体的内容、时间、地点、方式、措施和人员分工等。

（三）具体活动计划

这是为开展某一具体教育活动而制定的计划。如组织一次主题班会、举办一项文体活动或开展一次集体劳动等。这种计划要更加具体，各种准备工作都应详细而具体地考虑，这样开展工作才能做到胸有成竹、有条不紊[②]。

四、班级工作计划的基本结构和基本要求

（一）结构

1. 班级的基本情况分析。如班级学生的基本状况和特点、有利条件和不利因素、存在的主要问题等。

2. 工作目标。包括班级工作的总目标、阶段性目标等。

3. 措施安排。包括为实现班级工作目标而准备开展的各种班级教育活动及其内容、形式、时间和步骤等。

4. 工作要求。主要是从思想、行动、纪律等方面提出的希望和要求。

5. 附件。活动详细安排等。

（二）基本要求

1. 目的性

制订班级工作计划，首先要确定总目标，这是计划的灵魂和生命，是制

① 吴雁池 . 班级工作学期计划（1991 年 3—8 月）[J]. 湖南教育，1991（2/3）：37.

② 陈尚弼 . 班级工作计划制定浅议 [J]. 滁州师专学报，2003（2）：12.

订计划的出发点。有了总目标，计划就有了明确的方向。

2. 针对性

班级工作计划要体现班级特色。如果甲班的计划同乙班的计划没有什么区别，今年的计划同去年的计划没有什么两样，这样的计划就很难起到指导作用。

3. 预见性和现实性

计划的制订要有先见之明，要勾画出班级发展的前景。另外，计划的制订必须实事求是，根据现实情况来制订。班主任必须将预见性与现实性紧密结合起来，才能使计划操作起来切实可行。

4. 及时性

在学校开学的一个星期内，班主任要广泛收集信息，按照班级工作计划的基本内容，形成规范的书面材料，报学校批准，并向学生公布。

5. 灵活性

计划制订后，就具有导向和约束作用，要付诸实施。班主任要随时检查计划的执行情况。当客观情况发生变化时，还必须及时地修改和调整计划。计划执行结束，还要做出认真的总结，以便于今后制订计划时借鉴。

第二节　班级工作目标

一、班级目标的含义、类型和作用

（一）班级目标含义

班级目标是根据国家教育方针、政策要求和学校教育工作任务，结合班级学生身心特点，由师生共同确定的一定时期内要实现的奋斗方向、愿望或工作效果，是集体的发展方向和动力。班主任要善于从本班的实际出发，不断提出振奋学生精神、鼓舞学生前进的奋斗目标，以便统一全班学生的意志和活动，推动班集体的形成、巩固和发展。

（二）班级目标分类

1. 根据时间分为远期目标、中期目标和短期目标

远期目标主要是学生在校几年时间内要达到的目标，中期目标可以理解为一个学年度的奋斗方向。短期目标也是相对而言的，一般是指在一个月或两个星期以内的短期目标任务。

案例：南京市幼儿高等师范女子中专学校 03 英语（1）班目标

总目标：提出把“文明、勤学、团结、奋进，争创文明班集体”作为班级的奋斗目标。

（1）理想目标

①建设一个“环境高雅、举止文明、学风浓厚”的班级。

②每个学生：遵守校纪班规，走进新学校，做合格师范生。

③学会学习：自主、合作、探究、实践的学习方式。

④学会合作：诚信、宽容、平等、民主，学会助人为乐，少数服从多数。

⑤立足学校建设，参与班级建设，尝试社区建设。

（2）基本目标

①以学校的班级管理目标为基准，力争达标。

②力争成为好习惯（包括很好履行仪容、仪表等各项常规）班级、卫生模范班级、纪律模范班级、优秀寝室等文明班集体。

③制定公正、公平的考核、奖惩制度，建立完善的班级管理档案。

（3）班级具体奋斗目标

①近期目标。全班 47 位同学来自不同地方，为了同一个目标走到一起，大家有缘相聚，就要用爱心共建新家园，让我们在最短的时间内，共同把 03 英语（1）班建设成为纪律严明、学习气氛浓厚、团结向上的大家庭！

②中期目标。用一个学期的时间，使我班成为纪律严明、学习优秀的班级，全体同学团结一致，进一步形成优良的班风。要做到，今天我以班级为荣，明天班级以我为荣！

③远期目标。用一年的时间，使我班成为师范部同年级班级中的佼佼者，全班同学一起努力，争创本学年校级优秀班集体。梦想有多大，舞台就有多大，以优秀班级为榜样，奋斗不息，争创南京市、江苏省优秀班集体！取得

突破性成绩，让 03 英语班（1）班永留校册，让 03 英语（1）班成为每个同学心中的骄傲！

2. 从目标表述上可以分为口号式目标、规划式目标和阐释式目标

（1）口号式目标

口号式目标是供呼喊的具有纲领性和鼓动性的简短句子。如以礼待人，创建文明班集体；做一个有益于人民、有益于社会的人；争创学校优秀班集体；读万卷书，做高尚人。口号式目标尽管具有鼓动性，简明扼要，但是容易挂一漏万，忽略班级其他工作。

（2）规划式目标

规划式目标是指针对某个已定的综合目标以时间、班级成员或者课程为维度对该目标进行解释，并制订具体的实施规划。

案例：张家港塘桥小学某班目标

班级建设目标：培养团结、进取、有序的优良班风。

具体规划：

①期初：制订班级奋斗目标，解读班级标语，讨论《塘桥中心小学学生日常规范》《班级工作考核要求》。班级分工明细表上墙。

②月初：确立班级小干部名单及培养计划，确定班队会主题及实施时间、实施方案，制订班级文化建设方案。

③9 月至 12 月：实施、检查。每月月底对照《班级工作考核要求》进行考核，对班主任手册、家访记录、特殊学生辅导、心理健康等活动进行自评、组内互查、教导处检查，汇总德育活动开展情况及学生常规检查情况进行班主任月评考核。

每月重点：9 月份，晨会工作检查调研（教导处及校长室随机检查）。10 月份，小干部例会观摩及指导（大队部、德育处组织，分年级段进行，各班选派代表参与）。11 月份，班队活动展示（大队部、德育处组织，各班主任及班级代表参加，汇编优秀活动方案）。12 月份，班级文化建设成果展示。

期末：总结评比优秀班集体、班主任，优秀学生、好学生，进行班主任工作经验总结及交流。

（3）阐释式目标

根据学校的目标进行细化阐释。

案例：塘桥小学某班的阐释式目标

①培养小学生具有初步的使命感和社会责任感

• 课间能和同学友好相处，做有益的游戏。

• 学习上能与同伴合作，互帮互助。

• 诚实、可信，不随便动别人的东西，拾到东西主动归还。

• 认真做好值日，爱护公物。

②讲究道德规范

• 能主动使用礼貌用语，见到师长、同学要主动问好。

• 遵守学校的校规校纪。

• 爱护花草树木。

• 不乱扔垃圾，看到垃圾能主动拾起。

• 从小有讲卫生的意识，搞好个人卫生，爱护周边环境。

③培养积极进取的求知精神

• 养成良好的学习习惯。

• 与书交朋友，培养良好的阅读习惯。

此种班级目标的表达方式能较好地体现国家、地区和社会对教育的要求，但是在实施的过程中应注意目标的可操作性以及是否具有一定的评判标准，否则容易流于形式、空洞而不切实际[①]。

总之，一个好的目标表述应体现清晰、具体、可衡量、可达成、富有挑战性等五个要素。

（三）班级目标的作用

1. 导向作用

确立班级的目标，可以使学生明确奋斗方向，提高他们的积极性，产生自我实现的内驱力，促进他们自身更快、更好地发展。

案例：哈佛大学百名学生目标跟踪调查

哈佛大学有一个关于目标对人生影响的跟踪调查。对象是一群智力、学历、环境等各方面都差不多的人。调查结果发现，27% 的人没有目标，60%

① 徐敏娜 . 中小学班级目标制定技术 [J]. 基础教育，2008（7）：16-19.

的人有较模糊的目标，10% 的人有清晰而短期的目标，只有 3% 的人有清晰而长期的目标。

25 年的跟踪结果显示：3% 的人 25 年来都不曾更改过目标，他们朝着目标不懈努力，25 年后他们几乎都成了社会各界的顶尖人士。

10% 的人，生活在社会的中上层，短期的目标不断地达成，生活状态稳步上升。60% 的人，几乎都生活在社会的中下层，他们能够安稳地生活与工作，但似乎都没什么特别的成就。

27% 的人，几乎都生活在社会的最底层，25 年来生活过得不如意，常常失业，靠社会救济，并常常抱怨他人、抱怨社会。

目标对人生有着巨大的导向性作用。成功在一开始，仅仅就是一个选择。你选择什么样的目标，就会有什么样的成就，有什么样的人生。

2. 调控作用

确定班级的目标可以激励每位同学维护班级秩序的责任和义务，同学之间相互监督，并把能否自觉维护班级秩序作为评价学生在校表现的标准之一，久而久之学生就能养成良好的习惯，能够自觉维护班级秩序，并且有一种较强的集体荣誉感，从而为形成团结、和谐、向上的良好班风打下坚实的基础。

3. 评价作用，有助于培养学生的各种能力，让学生学会自治自理

班级的目标管理必须有清晰的评价标准，而且这个评价标准不是单一的，它涉及学生的德、智、体、美、劳等各方面的表现。如有的学生可能在学习上不是最好的，但是他在学校的体育活动中表现优异，他同样能在评价量表中取得好的名次，得到较高等级的奖励。这样会让每个孩子都能在班级中找到自己的位置和闪光点，也会使学生的各种能力得到提高，并且让学生学会在集体中做好自我管理。

二、班级目标制订的原则

（一）正确

首先，要与党和国家的教育方针相一致，有利于坚持立德树人、为社会主义现代化建设服务。有利于学生全面发展，有利于完成特定阶段的教育教学任务。

其次，应符合本班学生的实际情况，符合本校、本地区的实际情况，与当前形势发展的要求相适应。

最后，还应该前后衔接、左右协调，能保证班级工作的连续性与和谐性。违背教育方针的目标是错误的，脱离实际的目标是不恰当的，缺乏深思熟虑、统筹安排的目标是有害的，这些情况都应该予以避免。

（二）具体

目标是制订计划、组织实施、进行评价的依据，因此，必须具体明确，具有可操作性和可衡量性，能量化的内容尽量量化，不能量化的内容也要尽量表述得具有确定性和唯一性。相比较而言，近期目标比中期目标、长期目标更具体些，单项目标比综合目标更具体些，工作目标比心理目标更具体些。

（三）可行

班级奋斗目标要定得适当，有一定的难度，但经过全班的努力可以达到，“跳一跳，摘个桃”。不可过高，过高实现不了，易在学生心理上造成目标“形同虚设”的感觉，起不到应有的导向、凝聚和激励作用；也不可过低，过低则缺乏吸引力和鼓舞，无法调动学生的主动性、积极性和创造性，会造成整个班级的松垮懒散。

三、班级目标制订的程序

（一）信息资讯

了解和收集国家教育方针政策、学校工作计划、学生的奋斗目标等信息，将这些信息进行汇总整理，凝练出一个大致方向，提交班委会、班级学生甚至家长会讨论。

（二）民主讨论

经过全班同学的深入讨论，确定班级总体目标，分期目标，并广泛征求任课教师和学生家长的意见。

（三）科学决策

经过深入讨论和广泛征求意见，吸纳各方意见和建议，对班级目标进行系统化梳理整理，最终确定班级目标。

思考与行动：

1. 班级工作计划的基本结构和基本要求是什么？
2. 根据本讲内容，尝试编制一份七年级班级工作计划。

第十一章　班级工作实施

第一节　班集体工作

一、班级日常工作

班级日常工作是指教育者从培养人的目标和班级工作实际出发，对班级学生的日常行为进行的经常性教育，对班级整体进行的常规性管理。日常工作管理是班级管理的重要内容之一，是班级工作的基础。其实质是指导、规范和控制学生的行为和意向，培养学生良好的行为习惯，使之按照学校和社会要求的方向转变。

按照时间划分，通常可分为日常规、周常规、月常规和学期常规。

日常规案例：某校班主任工作一日常规

早读：查出勤、观仪表、促卫生

上课：查预备、常巡视、促效率

课间：查言行、保安全、倡文明

两操：查人数、看动作、严要求

就餐：查文明、多巡视、纠违纪

就寝：查秩序、明状况、常引导

晚修：查纪律、勤进班、保实效

周常规案例：某校一周常规

1. 做好学生本周教育重点计划，安排好班会内容，精心备课。

2. 班会课定于每周一下午第三节课。

3. 落实好周工作小结，填写班主任工作手册。

月常规案例：某校一月常规

1. 安排好本月工作重点，做到月月有计划、有重点。

2. 落实本月黑板报内容。

3. 落实主题班会内容。

4. 落实学生家访。

5. 月底准时上交班主任考核相关材料。

学期常规案例：某校学期常规

1. 制订学期计划。

2. 做好期中检查、调整工作。

3. 做好期末评价、总结、表彰以及家长会等工作。

上述常规是最基本的要求，各学校可根据学校实际特点，进行调整和完善，做到一校一规。本节以日常规为例，进行具体阐述。

（一）早读：查出勤、观仪表、促卫生

1. 班主任早晨到学校，应及时到教室查看早读情况，做好晨检工作。检查学生到校情况。发现有迟到或缺席的学生要主动及时询问情况。对主观原因迟到者要批评教育，对无故缺席者及时与家长取得联系，把好请假关。指导班干部填写好班级日志。

2. 关注学生发型、衣着以及佩戴胸卡、红领巾、团徽等情况，对不符合学校规定者进行批评、教育，限时或立即整改。

3. 检查班级及保洁区卫生情况，确保教室和走廊干净、桌椅整洁、卫生工具排放整齐。

4. 督促学生及时交各科作业，课代表在早读课开始前将作业本交给任课老师，并把缺交作业的同学名单报任课老师和班主任。严禁学生早上做作业、对答案、抄作业、打闹等不良现象。督促学生养成良好的晨读习惯，提高晨读效率。

（二）上课：查预备、常巡视、促效率

1. 指导、督促学生做好课前准备。要求：预备铃响就归位，准备课本和

文具，端坐等待老师上课。

2. 教育学生遵守课堂纪律，提高听课效率，认真做好笔记。培养学生良好的自习习惯。

3. 关注薄弱学科的课堂纪律，多巡视，多与任课老师联系，多找学生谈话。掌握班级纪律情况，发现问题及时处理，不留隐患。

（三）课间：查言行、保安全、倡文明

1. 班主任在课间应经常到班级进行巡视，指导学生适当放松，文明休息。

（1）要求学生不在教学区及走廊上喧哗、起哄、追逐、玩球；学生不得随意乱扔废纸、粉笔头等杂物；不得随地吐痰，不准跳摸班牌、门框；不准触摸电器设备；不得爬、坐在栏杆上；不得做任何危险行为；同学之间要团结友爱，不讲粗言秽语，不许骂人打架等。发现违纪行为要及时处理，确保学生的安全，确保课间安静有序。

（2）注意课间教室的卫生、废纸篓的清理和课桌的整齐摆放。

（3）观察并了解班级公物及其保管情况，发现损坏应及时调查、报修、教育和处理，坚决杜绝破坏公物的行为。

2. 教育学生举止文明有礼。提醒学生见面打招呼、向老师和来宾问好，上下楼梯靠右行、不拥挤，安全有序。

3. 随时发现班级内的亮点和不良倾向，及时表扬鼓励和批评教育。

（四）两操：查人数、看动作、严要求

1. 课间操必须到场组织、督促学生排好队，按指定的路线到达操场，认真做好广播操。检查出操人数，对缺席、违规者，须采取措施，保证做操质量。

2. 指定专人负责眼保健操，班主任应到教室做好督促、检查工作。教育学生要懂得爱护眼睛，坚持认真做操。

3. 升国旗时要教育学生面向国旗列队、肃立、行注目礼，少先队员行队礼，唱国歌时严肃认真、声音响亮。认真聆听国旗下讲话，不得说话、搞笑或做小动作。教育学生在经过现场时，都应面对国旗，自觉肃立，行注目礼，待国旗升降完毕，方可自由走动。

（五）就餐：查文明、多巡查、纠违纪

1. 教育学生文明用餐、讲究卫生，节约用水、节约粮食，养成排队买饭菜，就餐时不喧哗，餐后收拾好餐桌、餐具的好习惯，并要求学生就餐完及时回班级（走读生），寄宿生及时回宿舍。班主任要经常进入食堂了解班级学生就餐情况。

2. 班主任要教育学生就餐后不要进行剧烈活动。

3. 指定专人负责就餐纪律，如实记录情况。班主任主动查看记录，掌握第一手资料，对违反就餐纪律者，及时进行必要的引导、教育、处理。

（六）就寝：查秩序、明状况、常引导

班主任要经常深入学生宿舍了解本班学生的内务卫生、晚寝等情况。与生活老师沟通学生的思想行为表现，关注寄宿生身心健康，特别关注就寝前学生活动情况。及时做好寄宿生的心理疏导工作，发现情绪波动者应及时沟通和引导，如遇棘手问题或重大突发事件需及时向值班领导汇报并予以解决。

（七）晚自习：查纪律、勤跟班、保实效

1. 教育学生晚自习前半小时不再进行剧烈活动，晚自习不迟到、早退。

2. 教育学生晚自习保持安静，督促学生自觉学习，不讲话、不走动、不玩耍，培养良好的自习习惯，保证自习效果。

（八）其他

1. 积极组织学生参加学校各项活动，配合完成相关工作。

2. 完成学校临时布置的其他任务。

3. 协调班级各方面的关系，做好沟通交流工作。

4. 及时处理班级事务，并在班主任手册上作好记录。

5.经常与家长取得密切联系，及时向家长汇报学生在校情况，客观、全面、发展地看待每一位学生。文明有礼地接待来访家长，和谐沟通，有效交流。

6. 学生不在本班教室上课时，应教育学生做到随手关灯、关电器、锁门窗并清理垃圾。

7. 周一升旗仪式前，班主任按时组织本班学生排队到操场集合并认真参加升旗仪式，出现问题及时解决。

8. 学生生病应及时与校医联系或送往医院，急症应在第一时间进行处理并向学校值班领导报告，配合前往医院诊治，及时通知家长共同处理。

9. 关注学生生理、心理发展，重视与学生情感交流，及时发现学生情绪波动，主动沟通，从心理健康角度关注学生的身心发展。

10. 积极与任课老师沟通，搞好班级管理工作。若班主任有外出学习任务或请假，提前向分管领导、教务处请假，并进行安排，做好交接工作[①]。

做好常规工作非常重要，是对每个班主任的最基本要求，也是班级稳定有序的基础。班级常规虽然规定非常明确，但是要长期坚持下来实属不易，做好更加难得。因此，班主任教师要做好充分的思想准备，在日复一日的常规管理中培养学生良好的学习、生活习惯。

二、组建和培养班干部，形成集体核心

班集体是班群体的高级阶段，要把同学组织起来，最重要的是挑选和培养本班的学生干部，班干部是班级的核心力量，是班主任进行工作、创建班集体的得力助手。关于班干部主要涉及三个方面：班干部的选任、使用与培养。

（一）班干部的选任

1. 选任程序

选任程序主要分三种。一是自荐与评选相结合，即学生自愿报名，民主选举。这种方式目前最为科学，既能照顾到学生个体的积极性，又能满足同学们的需求，但前提是班风非常健康，自荐学生素质较高。二是任命制度，即由班主任根据学生以往表现，暂定班干部。这种方式最为常见，但不足是容易造成教师与学生对班干部的认知不一致，也不够民主。三是轮流制，即由同学轮流担任班委成员，负责班级管理事务。轮流制虽然能照顾和培养每个学生的组织

① 班主任工作一日常规 [EB/OL].（2021-10-18）[2022-12-23].https://max.book118.com/html12021/1018/8022135137004021.shtm.

管理能力与责任心，但是容易造成人人负责、人人不负责的情况。

2. 选拔条件

班干部要求相对较高。一般而言，好的班干部应具备如下条件：品德优良、能力较强、以身作则。作为班干部，必须树立为同学服务的思想，做到乐于奉献，有号召力，能担当，负责任。

（二）班干部的使用

1. 厘清职责，明确分工

班委会是班级的领导核心，班级管理首先要让每个成员明确自己的分工、权限职责范围，但是也要树立合作大于分工的认识，要让班干部之间互相支持、互相配合，形成一股强大的正能量。绝不容许班干部遇到自己职责之外的事情时置之不理。当分管班干部不在场时，要补位处理；分管学生干部在场不好控制时，要注意配合增力。

2. 敢于放手，大胆使用

班主任要充分信任班干部，敢于放手，大胆使用，把他们推到工作一线上去，给他们提供施展才华的机会。如举行故事朗读比赛，让班干部制定评分细则，担任评委；由班干部独立主持晨读、自学等。但放手不等于不管，若遇到难题，班主任要当好他们的后盾，为他们排忧解难。

3. 树立威信，严格要求

在班干部的组织和管理过程中，总会有一些意外的事情出现。这时，教师要及时帮助处理。一方面要让同学服从班干部的管理；另一方面要严格要求班干部管好自己，否则会失去同学们的信任与支持。

（三）班干部的培养

1. 培养班干部的威信

班干部与同学关系是否正常，将直接影响到班干部的威信。班主任要指导他们以身作则、关心同学、愿为大家服务，不能滥用手中的权力、任意妄为，不断提高班干部在同学们心目中的威信。

2. 培养班干部掌握工作方法

中小学学生毕竟是未成年人，经验相对不足，班主任要结合具体工作过程，通过解剖实例、总结经验教训等方法，向他们传授一些基本的工作方法：确定工作目标的方法；形成正确舆论的方法；动员、组织学生参加大型活动的方法；耐心做思想工作的方法；沟通思想，消除误会，化解矛盾，避免公开冲突的方法。

3. 培养工作热情发挥榜样作用

当班干部是促进自己努力学习的一种动力。班干部不仅是执行纪律的标兵，也应成为勤奋学习的模范。当选班干部的同学总会受到一种无形力量的鞭策，激励自己千方百计地提高学习成绩，成为同学们的表率。有时候某些学习成绩不太好的同学当上班干部后，学习更加勤奋，成绩由中等提高到上游水平①。

三、培养正确舆论和良好班风

集体是一个大熔炉，也是学生不良习惯的矫正器，具有强大的“魔力”。只有在集体中才能形成正确的舆论与良好班风，才能识别是非、善恶、美丑，才能发扬集体的优点，抑制不良思想习气的侵蚀，才能使集体具有巨大的教育力量。

（一）班主任以身作则

“其身正，不令而行；其身不正，虽令不从。”一个好班主任，可以带出一个好的班集体。班主任要处处做到以身作则，身教重于言教。

（二）选树学生典型

对于在德智体美劳各方面表现优异的学生，要大力宣传，树立榜样，让同学们向他们学习，形成比学赶帮超的浓厚氛围。

（三）制度约束

除了前两条外，班级制度约束也十分必要。班主任要和同学们共同商讨，建立班级公约等各项规定，用制度的力量约束学生的行为。

① 吴振华 . 班主任要重视培养班干部队伍 [J]. 河南教育，1997（6）：24-25.

（四）开展自我批评

开展批评与自我批评是中国共产党的优良传统。班主任可以让学生写周记，总结反思本周的学习和生活。可以利用班会等时间让每个学生进行自我批评，明确不足，不断改进。

（五）纠正学生不良风气

学生的不良风气，如攀比、厌学、恋爱、拉帮结派等，如果控制不好，很可能会蔓延、传染，给班级管理造成巨大障碍。班主任要随时观察、了解班风发展动向，一有风吹草动，就要采取措施，及时制止，防患未然。

四、有计划地组织多样的集体活动

班集体是在全班学生共同活动中逐步形成的，也只有在共同的集体活动中才能体现出集体主义精神。班集体的活动最常见的有主题班会活动、团队活动、课外校外活动等活动的组织与安排。

（一）班会活动

班会是班主任向学生进行思想品德教育的一种有效形式和重要阵地，有计划地组织与开展班会活动是班主任的一项重要任务。

1. 班会的认识误区：一是可有可无；二是随心所欲；三是上传下达信息。

2. 班会要求：系统安排，照顾全面；充分准备，精心设计；突出主题，针对性强。

3. 班会内容：大致可以分为如下几类。

（1）思想道德类：爱国主义教育、理想信念教育、中国梦教育等；

（2）法规法纪类：宪法、未成年人保护法、义务教育法、学校规章制度、班规班纪等；

（3）安全教育类：人身安全、财务安全、信仰安全、饮食安全、网络安全等；

（4）心理健康类：青春期教育、生命教育、人际交往、同学友谊、爱情教育等；

（5）环境保护类：动物保护、生态保护等；

（6）学习生活类：学习方法指导、学习经验交流、生活常识教育等；

（7）审美情趣类：穿衣打扮、宿舍美化等；

（8）劳动教育类：集体劳动、科技手工制作、个人卫生等。

（二）团队活动

共青团、少先队是中国共产党的得力助手，少先队是共青团的预备队，共青团是共产党的后备军。中国少年先锋队是中国少年儿童的群团组织，是少年儿童学习中国特色社会主义和共产主义的学校，是建设社会主义和共产主义的预备队。班主任要根据《中国共产主义青年团章程》《中国少年先锋队章程》的要求对团队进行指导，组织开展团队活动。

（三）课外活动、校外活动的指导

课外活动与校外活动是课堂教学的延伸、拓宽和补充，对培养学生的志趣、才能，丰富和活跃学生生活，促进他们德、智、体、美、劳全面发展有重要意义。主要包括文体活动、集中劳动、参观研学活动、兴趣（学科）小组、学雷锋、宣传日等活动。要根据教学计划中的明确规定，分散或集中安排。

1. 准备工作

包括活动准备、思想准备、组织准备和应急准备。

2. 组织与教育工作

在活动过程中，班主任要抓住时机对学生进行思想教育工作。

3. 总结工作

抓好各种活动总结是巩固活动成果、向学生进行思想教育的重要一环，班主任应当重视并动员全班学生搞好总结工作。

五、协调校内外各方面教育力量

协调和统一校内外各方面对学生的要求，这是有效教育学生的重要条件，也是班级工作的一项重要内容。这项工作包括如下两个方面。

（一）统一校内教育者对学生的要求

为了使各方面教育要求能互相配合，有利于学生身心发展，班主任要根据教育目的和学生的实际情况，协调和统一校内管理部门和任课教师对学生的要求。

（二）统一学校与家庭对学生的要求

班主任是学校与家庭联系的纽带，通过家访、书信、电话和家长会等形式，同家庭联系，做家长工作，与家长在教育学生上统一认识、要求和互相协作、配合。

综合优秀班主任实践经验，一个优秀的班集体通常具有以下特征：一是学生有强烈的学习动机，并表现出较高的学习效率；二是学生愿意接受教育教学目标，并能保质保量、按期完成；三是学生有较好的心理素质；四是学生有较好人际关系；五是学生间能同心协力，有着相互的作用和影响，成为一个安定团结的整体；六是学生能积极参加集体管理，充分发挥个人的聪明才智，群策群力。

第二节　学生个体教育与指导

除了面对班级整体的教育和管理外，班主任还要重视开展针对学生个体的教育和指导工作，个体教育工作主要包括学业、择业和心理教育与指导。

一、个体学业教育与指导

（一）优等生的培养和教育

所谓优等生，指的主要是一些品学兼优的学生，可以作为其他学生学习的榜样。这些学生有较为远大的理想、良好的道德品质、较高的智力水平。他们在学习中，尊师守纪、勤奋努力、学习目的明确、学习方法科学、自律性强、学业优良。

班主任对于优等生的培养和教育，应注意以下几方面。

1. 坚持全面发展的观点教育优等生

对于优等生的教育，不能只看优点，或利用其优点来掩盖缺点；要肯定其所长，也要指出其不足之处。优等生是一个相对的概念。优者，是跟本班或本校学生比较而言的，而到另一个学校或另一个班级，并不一定还是优秀的。优等生不一定在德智体美劳几方面全突出，也可能在某一方面或某些方面不如其他同学。所以，我们应该认识到，优等生既有长处，也有短处，切不可用孤立、静止、片面的观点看待他们，也不可盲目乐观，放松教育，优等生的提高是无止境的。优等生具有可变性，尽管优等生在某一阶段各方面表现都比较好，但他们与其他学生一样，由于受到社会不良环境的影响，也存在着许多消极因素，这就可能对他们带来负面的影响。所以，在思想上也不能放松教育。何况，优等生多数是班级骨干，在班级里享有较高的威信，影响力较大，一旦变差，其危害不同于一般学生，将直接关系到一个集体的健康发展。

2. 要坚持高标准，严格要求优等生

“百尺竿头，更进一步”，使他们做到谦虚谨慎，严于律己。优等生上进心和自尊心强，富有荣誉感和进取精神，学习和工作能力较强。因此，我们不能以一般学生的标准去要求他们，必须不断地、适时地向他们提出高标准的要求，使他们奋斗不止，引导他们追求更高的目标，更上一层楼。如果按照一般学生的标准来要求他们，就会导致他们的潜力得不到充分发挥。

3. 对优等生的批评和表扬要注意分寸

对于优等生，既不能过分表扬，使之飘飘然，也不能加重惩罚，损害自尊心。

有一位中学生成绩优异，门门考高分，老师对他赞赏有加，当众表扬他考上重点大学没有问题，目前的知识不用费多大劲儿自己都能学会。在老师的一次次过分表扬中，他逐渐开始骄傲，放松了对自己的学习要求，之后成绩也越来越下降，到最后只考上了个普通本科院校。

因此，夸奖学生要得法。夸优等生聪明不如夸他努力。聪明的孩子不应该因他们智力和学习成绩而总是得到表扬，因为这样会使他们不能承受失败的打击。

4. 根据优等生的不同特点，有针对性地进行教育

优等生尽管在学习、品德方面都有许多共同的东西，但我们应该看到，在他们当中，他们的兴趣、爱好以及才能都有各自的特点。要善于根据他们的不同特点，采取多样而灵活的措施。

（二）后进生的特点及转化教育

后进生过去被称为“差等生”。由于国内外学者对差等生的研究角度不同，因此对差等生的理解也不同。现在差等生大都不被称为“差生”，更多地被称为“后进生”“学习有困难的学生”“学业不良的学生”等等。关于后进生，教育大词典是这样界定的：思想品德发展上距离教育目标的要求较远，在思想行为上存在较多的缺点，落后于一般同学的学生[①]。关于学困生（学习困难学生），综合我国学者钟启泉的看法，主要指智力方面不存在严重生理缺陷的属于正常范围内的学生，但是却由于其他各方面的原因，使得其学习成绩没有达到和其智力水平相一致的水准[②]。钱在森认为学困生是指智力正常，但是学习能力和学习效果低下，致使学习结果不能达到国家规定的教学目标中对学生的要求[③]。苏霍姆林斯基认为，在我们的创造性的教育工作中，对“差生”的工作是最难啃的“硬骨头”之一，这样说没有哪一位教师是不赞同的。因此，班主任要特别注意后进生的特点、原因，采取有效措施，帮助后进生尽快转化。

1. 后进生的特点

（1）缺乏正确的道德观。学生不道德的行为常常是由于缺乏正确的道德观念造成的，如后进生往往把打架斗殴当“勇敢”，把“哥们义气”当友谊，把挥霍浪费当“潇洒”等，这些不良认知又加剧了他们的学业不良，以致恶性循环。

（2）情绪急躁，难以自控。后进生的情绪大多不稳定，情绪多变，难以自控。但如果教育方法得当，也能感动他们。

（3）意志品质薄弱。后进生的自制力差，不能用道德观念来约束自己的

① 教育大辞典编幕委员会 . 教育大辞典 [Z]. 上海：上海教育出版社，1990：298.
② 钟启泉 . 差生心理与教育 [M]. 上海：上海教育出版社，2003：10-11.
③ 钱在森 . 学习困难学生教育的理论与实践 [M]. 上海：上海科技教育出版社，1995：59.

行为，经常会出现反复情况。

2. 后进生的类型

（1）单后进生。单后进生又可以分为学习型后进生或纪律型后进生。即要么在学习上，要么在学习之外的其他任何一方面表现落后于班级大多数学生的学生。前者可称之为学困生，后者可称为思想后进生。

（2）双后进生。即在德行和学习上均表现落后的学生。现实中的后进生往往也多指此类学生。

3. 后进生产生的原因

后进生产生的原因主要有以下几点：①家庭教育方面。不健康的、经常发生冲突的家庭关系是后进生形成的主要原因。孩子受教育的第一个地方是家庭，第一位老师——父母亲的行为会使孩子耳濡目染，对其健康成长有所影响。所以，良好的家庭氛围对于孩子的健康成长相当重要。②社会环境方面。主要包括家庭、学校、同伴群体、社会和大众媒介等。如学习无用论，拜金主义，不良影视、游戏，社会闲散人员的影响等。③学校教育方面。教育教学模式僵化和评价方式单一，规章制度从手段变成了目的。此外，教师教育方法的简单粗暴也是后进生形成的重要原因。后进生的表现本就差强人意，缺乏信心，而且自尊心较一般学生强，如若老师也对他们的教育过程表现得不耐烦，有心无心地伤害他们，那他们会更差。④学生自身方面。一方面主要是学生的非智力因素，如不健康的学习观，缺乏动力、自控力，具有挑战性、偏执型、攻击性人格等，都会造成学生思想认识问题。另一方面，后进生的“思维尚未觉醒”是其形成的内在原因。孩子的思维之所以尚未觉醒，在于其内在精神力量是在儿童的意识里慢慢积累起来的，不是一蹴而就的，需要慢慢来，日渐强大，而且需要老师的及时帮助。帮助他们树立信心就是教师的使命，任何时候都不要对他们失去信心，也不要灰心。老师需要对“思维尚未觉醒”的学生进行“救助”[①]。

4. 后进生转化措施

苏霍姆林斯基认为，正像医生细心地研究病人的机体，找出疾病的根源，以便着手进行治疗一样，教师也应当找出儿童学习困难的原因，采取一些能

① 袁娅妮．苏霍姆林斯基的“差生”观及启示 [J]. 考试周刊，2016（9）：13-15.

够照顾个人特点和个别困难的教育措施，对其进行相应的“救助”。

（1）富有爱心。后进生并不是集中地存在于一个班级，每一个班级都或多或少地存在几个，这种情况下，就需要老师倍加关爱。通常，老师都会对优等生偏爱有加，而对后进生则有些许偏见。作为班主任老师，对待每一个孩子都应该一视同仁，如若长期偏爱好学生，一直冷落后进生，会导致严重的两极分化，影响教学质量。

（2）多点耐心——激发学生的兴趣。受应试教育的影响，学校非常注重学生的课程成绩，经常隔三岔五进行一次测验或考试。面对成绩落后的学生，刚开始班主任还抱有希望，对他们进行鼓励，但当多次成绩落后时，很多班主任会失去耐心，批评、指责甚至谩骂学生，这就形成了教师越批评，学生越反感，越不愿意学习的恶性循环。因此，班主任教师无论在学习指导上、还是思想教育上，都要对后进生保持耐心、恒心，想办法调动他们学习、进步的积极性和主动性，逐步激发他们的学习兴趣。

（3）增强信心——找出学生的“闪光点”。教师要时常关注学生，善于发现他们身上不同于别人的“闪光点”，要时常用这些专属于他们的特长激励他们，让学生感到自己的点滴进步，树立信心。魏书生老师激励、鼓励后进生的方法很特别。魏书生老师举了一个例子，一个后进生，原来只考 8 分，他一步一步鼓励他，给他自信，引导他，使他一步步提高。当他得 8 分时，魏书生老师鼓励他：“你课听不明白，作业也不做，竟还能考到 8 分，说明你还有点儿天赋嘛？”接着魏书生老师又对他说，“这张卷，除了会的 8 分，还有哪个不服气啊？有没有不服气的题？”学生就说：“卷子中的拼音我能行。”于是学生就狠做拼音的题目。就这样，经过学生的努力、老师的鼓励，分数渐渐地提高了。后来学生竟然考到了及格，真是质的飞跃。我们不由得感叹魏老师教育艺术的炉火纯青。对于后进生来说，其实他们也不愿意考这些分数，他们的学习本来就差，如果教师一味地责怪他们，他们会对自己越来越失去信心，成绩会一落千丈。班主任教师要正视现实，不能指望每个人都智力超群，只能引导鼓励他们努力学习，激发他们学习的兴趣，使他们在原有的基础上进步。

（4）唤醒意识——有效地运用批评与自我批评的武器。积极而科学地开展批评与自我批评是班主任对后进生进行教育转化的有力武器和有效方法。

与后进生一起深刻剖析自己，回顾以往的理想，明确后进的原因，从而唤醒他们心灵深处的自尊，使其猛然醒悟、茅塞顿开、思想升华。

（5）锻炼意志——每天进步一点点。后进生往往表现为自控力差的弱点，很多事情遇到困难不能够长期坚持，因此班主任教师还需要与他们一起，制订改进计划、可行措施，做好监督指导，持之以恒，使他们能获得点滴进步。

二、学生的心理辅导

当前，随着人们思想观念的转变、心理科学的快速发展，中小学生的心理问题受到社会和学界的普遍关注。尤其是 11 岁到 18 岁的年龄阶段，一般是中学阶段，这是青春期身体和心理发育最为剧烈的时期，是最充满激情、浪漫，最有创造力，最少保守思想，最活跃的时期。这是他们从幼稚走向成熟、从依赖走向独立的过渡时期，也是对人生、社会和未来充满幻想与好奇的“多梦季节”。国外有学者形容这一阶段是“骚动的、矛盾的、动荡的、暴风雨式的时期”。这个时期的中学生正处在个体发展的特殊时期，是心理功能受阻的易发期和多发期，伴随着成长的欣喜、生活的苦恼、学习的压力、情感的吸引，种种感情交织在一起，年轻的心变得十分敏感和冲动，花季少年既有绽放的欣喜，也有凋落的忧伤。他们渴望友谊、渴望理解、渴望自由，有时太多的渴望也容易产生一系列的心理问题。

（一）常见心理问题

1. 自卑心理

自卑心理是指对自己的品质和能力作出过低的评价，有己不如人的心理感受。部分中学生由于学习成绩不好、屡犯错误，所以无论在家庭还是在学校，他们受到的批评多于表扬、指责多于鼓励、惩罚多于引导。于是自认为无药可救、低人一等，变得心灰意冷、萎靡不振、自暴自弃、消极颓废，形成一种“我不如人”的自卑心理。

2. 逆反心理

所谓逆反心理就是指受教育者在接受教育的过程中，因自身固有的传统定势和思维模式在特定教育情境下所产生的与认知信息相对立的，并与一般常态教育要求相反的对立情绪和行为意向。不少中学生由于辨别是非的能力较差、疑虑心理重，往往不能正确对待家长的一片苦心、老师的批评教育。他们怀疑一切、目空一切，对正面宣传作反面思考，对榜样及先进人物无端否定，对不良倾向产生情感认同，对思想教育、遵规守纪要求消极抵抗。

3. 孤独心理

孤独是一种认为自己被世人所拒绝、所遗忘，心理上与世人隔绝开来的主观心理感受。孤独是缺乏与人交往的结果，又是难以与人良好交往的心理问题。许多中学生性格孤僻、害怕交往，常常觉得自己是茫茫大海上的一叶孤舟，或顾影自怜，或无病呻吟。他们不愿投入火热的生活，却又抱怨别人不了解自己、不接纳自己。一些中学生很少和别人交往，常常一个人背着大家独自活动、寡言少语。他们对人群疏远化和边缘化，崇尚做“超人”和“怪人”，而他们内心却感到孤独。

4. 嫉妒心理

嫉妒是一种社会心理和意识。嫉妒是一种有针对性的感觉，是忍着痛苦去看待别人的幸福的倾向。在中学，一部分学生因漂亮的容貌、优异的学习成绩、优越的家庭条件受到老师的宠爱，常常会引发另一部分学生的嫉妒之心。他们越是关心和重视嫉妒对象，越有可能被绝望与恐惧感击中，从而发展为憎恶、敌意、怨恨和复仇这样一些恶劣的情绪①。

5. 考试焦虑

考试焦虑是一种很复杂的情绪现象。它是由一定的应考情境引起，以担心为基本特征，以防御或逃避为行为方式，受个体的认知评价、人格因素和其他身心因素制约的考试时常见的一种心理现象。主要表现为：一听说要考试就紧张起来，考前睡不好觉，考试时出现情绪紧张、心慌意乱、记忆卡壳等现象；某些平时学习成绩不错的学生，一到考试就慌了手脚，无法发挥自己应有的水平。据调查，在中学生中，对考试具有明显的焦虑症状的人约占11.18%。严重的考试焦虑不仅对学习具有极大的危害，对中学生的身心健康也造成潜在威胁。

---

① 李大健 . 中学生常见的心理障碍及其成因、对策研究 [J]. 广西教育学院学报，1999（6）：42-47.

（二）心理辅导措施

针对上述心理问题，班主任教师要善于观察分析原因，既要面对全体学生开展心理健康教育，又要针对个别学生心理问题，进行心理辅导。

1. 营造有利于中学生心理健康的环境

一是营造良好的家庭环境。家庭的结构、气氛、文化、经济背景等因素对学生的心理健康有很大的影响。家长要重视家庭环境的优化。学校要积极与家长取得联系，经常反映学生的情况，教育家长多关心子女的成长，特别是“留守学生”教育，家长应配合学校做好教育工作。

二是营造良好的学校环境。学校在校园文化建设、教育教学过程中的方方面面都应创造出利于学生身心健康的氛围。例如，校园的安静、整洁、美观、大方，教室、宿舍的文化建设，要把思想政治教育、心理健康教育渗透到各科教学之中，使之能够融会贯通，能从多角度去看问题。

三是营造良好的社会环境。学校要教育学生自觉抵制不良因素的影响。拒绝不健康的图书、音像等进入校园，全方位地净化校园环境。学校要加强对学生进行法制教育，增强他们的法制观念，教育学生要慎重与社会上的人交往。

2. 积极开展心理健康教育活动

一是建立学生心理档案。建立心理档案即将学生的心理问题历史或现状记录下来，存入档案中，以便及时有效地对学生进行个别心理健康教育。同时应将特殊的案例整理出来，以便对全体学生进行个案教育。

二是对学生进行心理咨询。学校建立心理辅导站，对心理偏常的学生进行诊断和鉴别，针对他们的认识、情绪、意志行为、人格、性心理障碍进行疏导、调整和矫正。对学生常见的心理疾患进行必要的治疗，帮助他们树立正确的自我意识，形成良好的人际关系，提高他们的自我调控能力与环境适应能力。

三是加强心理辅导和专题讲座。可结合形势，针对学生普遍性的问题而进行辅导。讲座要点面结合，以点带面，既对全体学生进行心理保健、心理卫生方面的专题教育，又对个别学生进行自我解脱教育，帮助他们消除焦虑、压抑、苦闷、烦躁的心理。从形式上看，既可作为综合性的专题报告，又可作为个案专题讲座。

四是组织开展多种课外活动。可通过主题班会、演讲、手抄报、宣传栏、校内广播、视频轮播等形式，向学生普及心理卫生知识；结合中学生好动的特点，通过文艺活动、体育活动、好人好事活动、郊游、社会调查活动等形式，调节学生紧张的情绪，陶冶学生情操，促进学生身心健康[①]。

三、学生的择业指导

我国实行的是九年义务教育，在学生初中或高中毕业的时候，即将面临升学和择业问题。关于学生择业指导，班主任教师要注意以下三点。

1. 帮助学生树立正确的择业观

班主任教师要秉持平等的职业观，摈弃尊卑和等级以及唯金钱等不良职业观，要给学生讲解和分析当前国家的就业形势，根据自己的兴趣和基础选择，避免千军万马过独木桥。

2. 帮助学生树立正确的成才观

三百六十行，行行出状元。成绩好的学生可以考取重点大学，继续深造成才；成绩不好的学生可以发挥动手能力强等优势，选择学习技能技术，掌握一技之长，将来可以就业，也可以自主创业；学习中等的学生可以按照自己的偏好，选择一门职业，如教师、医生、律师等。

3. 帮助学生制订职业生涯规划

根据学生的兴趣爱好、职业目标，科学制订职业规划目标系统，提高规划的可行性和现实性。

思考题：

1. 谈谈你印象最深的班主任是如何组织和培养班集体的。
2. 谈谈你过去的班主任都是怎样转化后进生的。如果是你，你将如何做？

---

① 关爱下一代，我们需要加强中学生心理健康 [EB/OL].（2017-07-28）[2022-08-13].http://static.nfapp.southcn.com/content/201707/28/c575774.html.

第十二章　学生操行评定与班级工作总结

第一节　学生操行评定

一、学生操行评定的含义

（一）含义

学生的操行评定是班主任对学生在一定时期内（通常为一个学期）思想品德、学习、纪律、劳动等各方面发展变化情况的客观评价，主要由班主任教师负责。其目的是通过班主任的评价，让学生认识自己的优点，发现自己的不足，从而重新确定努力的方向。

（二）分类

在普通中小学中，班主任评定学生操行主要有四种类型：评语式、等级式、记分式和混合式。

1. 评语式

主要运用语言描述，总结学生的思想品德、学习生活等方面的表现情况。

2. 等级式

等级式评定是依据一定的评判标准，对学生各方面的表现以等级的形式呈现出的评定方式。如优、良、及格、不及格。

3. 记分式

记分式评定就是以量化的形式，对学生各方面的表现用分数的形式呈现出来。

4. 混合式

混合式是综合运用定量与定性的方法，对学生的表现作出的综合评定。

上述各种评定方式各具优势，也都有不足。如单纯的评语式，必须建立在班主任对学生充分、深刻了解的基础上，否则会产生以偏概全的情况。纯定量的计分式评定可能会掩盖学生的一些不良思想和行为习惯。相对而言，混合式评定方式较为合理。不管采用何种评定方式，一定要尽可能全面、客观地展现学生的特点。

二、学生操行评定的内容与原则

（一）操行评定的内容

操行评定是以教育目的为指导思想，以学生守则为基本依据，对学生一个学期内在学习、劳动、生活、品行等方面的小结与评价。操行评定的内容主要包括道德品行、学习、身心健康三个方面。

1. 道德品行

主要包括政治立场是否坚定，是否遵纪守法，是否爱护公共财物、环境卫生，是否乐于助人，是否能与同学正常交往、团结同学，是否尊敬师长等。

2. 学习

主要包括学习态度是否认真端正，学习目的是否明确，学习方法是否科学合理，学习意志是否坚强，学习成绩是否进步等。

3. 身心健康

主要包括是否积极参与学校班级组织的各种活动，是否积极参与体育锻炼，是否保持良好个人卫生，是否具有文明的审美情趣等。

（二）操行评定的原则

1. 体现素质教育思想

素质教育主要是面向全体同学进行全面教育，使学生生动活泼地发展。因此班主任教师在给学生进行操行评定时要着眼于学生德智体美劳等方面，用最准确、最精练的语言高度概括学生方方面面的表现，但要注意重点突出，不可平均用力。

2. 公平、客观

学生的操行评定旨在促进学生改进缺点、认识不足，班主任教师不要以偏概全，套话、大话、空话连篇，要真实地再现学生的表现，不能意气用事或带着成见评定个别学生。

3. 促进学生发展

要以动态的眼光看待学生，操行评定要起到促进学生个性发展的目的，既要把握学生积极、良好的一面，又不要猛攻其弱点、伤害其感情，应尊重、保护和发扬学生的人格和个性。

三、学生操行评定的表述形式与程序

（一）表述形式

1. 谈心式

采用语重心长的语气，对学生的表现给予评定。此种写法的优点是能拉近心理距离，让学生感到亲切。

示例：这学期你的进步非常大，这是人所共知的，老师和同学们都为你感到高兴。新的学期即将在你面前，此时此刻，老师想送你一句话：耐心是一切聪明才智的基础，胜利者不一定是跑得最快的人，而是最能耐久的人。

2. 描述式

可以就学生的性格、学习或行动中的某件事进行描述，从而反映该学生的精神风貌。

示例 1：常听同学说，与你相遇是幸运的，与你相处是美好的，我想，这是你重情义的缘故吧。你是一个典型的男子汉，敢怒敢言，敢作敢当，如果能更严格要求自己，相信你一定会更优秀。

示例 2：你是我们班上的“小才女”，你唱出的歌，婉转动听；你跳出的舞，姿态优美；你写出的字，工整娟秀；你追逐流失的岁月，让人叹服。你是我们班多才多艺的好学生，希望你继续成为学生们学习的榜样。

3. 过程式

主要介绍学生在一段时间内的表现、变化等。

示例 1：一学期来，你的思想、学习等各方面表现有了很大的进步，尤其是你的学习成绩得到了较大的提升，这与你珍惜学习时间密不可分，你就像鲁迅所说的，把别人喝咖啡、聊天的时间都用来看书。但是，身体是革命的本钱，在今后的学习中要多注意锻炼身体呀！

示例 2：半年来，你在学习上突飞猛进，让老师和同学们刮目相看，可有谁知道，在这成绩的背后凝聚着你多少功夫。当得知你每天晚上刻苦钻研数学难题时，我非常感动，这可真印证了那句古话："锲而不舍，金石可镂。"勤奋是人最可贵的品质，它将使你终身受益，助你取得成功！

4. 情感式

用华丽的语言将对学生的爱淋漓尽致地表现出来，这种写法很具有鼓舞性。

示例 1：你是善良、朴实、懂事而又认真的女孩，做事一贯认真，你帮助其他同学攻克数学难关，我想得到你帮助的同学也会经常感谢你。你踏踏实实的学习换来了可喜的成绩。你爱集体就像爱自己的生命，我为你感到无比自豪。愿你健康、快乐、上进！

示例 2：你像只快乐的小鸟儿，你的大眼睛里盛着的是聪明、机灵、乖巧，老师是那么地喜欢你。你不追求享受，只追求方方面面的进步。我为你感到无比的高兴，希望你做生活的强者，不屈不挠、勇往直前。我会永远支持你、祝福你！

（二）评定步骤

1. 学生自评

给学生讲解清楚操行评定的写法和要求，让学生对自己的表现进行自画像。如果没有特别突出的，可以全面写，如果有突出的，就可以重点写。

2. 小组评议

根据同学们的交往情况，或以宿舍为单位，分成若干小组，将每个人的评定在小组中进行讨论、修正和完善。

3. 班主任评价

班主任根据学生和小组评论的结果，按照自己对每个学生的了解，对评定进行修饰、润色和完善。

4. 信息反馈

将评定反馈给学生的家长和任课教师，征求意见，形成定稿。

四、学生操行评定存在的问题及注意事项

（一）存在的问题

1. 重结论、轻过程

评价的目的是给学生下个结论，而不重视学生思想品德形成过程的评价，不能及时揭示学生在成长过程中存在的问题，这种终结式评价无助于学生优良思想品德的形成和发展。

2. 评价的标准不够清晰

中小学 12 个年级就以中小学学生守则和日常行为规范为依据，各年级缺乏具体的标准，因而评价的结果不能反映学生的实际思想水平。

3. 评价主体单一

从评价者的构成来看，太偏重班主任的作用而忽视了学生和学生群体的互评以及教师群体和学生家长的参与，因而评定免不了带有较大的主观随意性，容易在评价中以偏概全。

4. 公式化的语言比较多

个性化的色彩比较少，模糊语言用得多。语言的准确性不够，不能恰如其分地描绘出学生个体的主要倾向，也不能在班级坐标系中准确地找到个别学生的位置。

（二）注意事项

1. 评定要实事求是，抓主要问题，要准确反映学生思想品德的全面表现和发展趋向。

2. 评定中既要充分肯定学生的进步，也要适当指出他们的不足。

3. 评定要简明、具体、贴切，严防用词不当伤害学生的情感。

五、不同水平、不同学生评语示范

（一）不同水平

1. 无效评语

示例：你思想上积极进步，有大是大非意识，热爱祖国，热爱人民。一双明亮的眼睛，透露出机灵和可爱。遵守学校作息时间，参加班级活动。希望以后更加努力，获得好成绩。

这类评语大话、空话、套话连篇，放在谁身上都能用。

2. 合格评语

示例：你上课时能专心听课，积极提出不明白的问题。尊敬师长，团结同学，劳动积极肯干。今后要少请假，做作业要书写工整，还要注意爱护书本。

这样的评语基本上做到了言简意赅、明确具体，容易为学生理解。学生读了这样的评语后，一般能知道自己的缺点以及今后努力的方向，所以教师的目的基本能够达到。教师写评语至少应该达到这种境界。

3. 优秀评语

示例 1：你是个懂事的好学生，上课时看到你聪慧的眼神，老师真想多看你几眼。同学们在操场上玩时，你却在教室里收拾卫生，老师真为你感动。悄悄告诉你，当同学们一致推选你当小干部时，老师也投了你一票。还记得吗？文具盒被同学们打翻了，你不声不响捡起来，你真是个宽容的小男子汉。多锻炼，敢讲话，学习不断进步，好吗？老师相信你。

示例 2：你是个文静的女孩，从不多言多语，但你的眼睛却是那样关注着集体，教室的三角柜脏了，你把它擦得干干净净；黑板擦坏了，你带回家让家长修好；同学有困难了，你悄悄伸出温暖的手，送过本子、递过钢笔。老师真喜欢你！只是你的字写得还不够好，相信你经过努力一定会写好！

这两则评语充满了教师对学生的真情厚爱，在鼓励、温馨、放松的话语中既表达了学生的优点，也暗示了其努力方向。

（二）不同学生

1. 优等生评语

示例：你的脸上总是挂着阳光般的微笑，银铃般的笑声中透出你对生活的热爱，从老师同学的言语中读出你心灵的清澈，班上井井有条的一切是你付出的回报。但“一花独放不是春，百花齐放春满园”，愿你这颗小星星能放射出更加璀璨的光芒。（女，班长，思想品德好，成绩优秀，活泼可爱，组织能力强，但缺少帮助同学们的耐心。）

优等生指品学兼优的学生，他们由于经常得到表扬，有一定的优越感，经受不起批评和挫折。写优等生的评语要注意，赞扬言辞不要过分，要对他们提出更高的要求，引导他们看到自己的缺点，使他们能谦虚谨慎、不断进取。

2. 中等生评语

示例：害羞的你难以掩饰内心积极美好的追求，从你熠熠生辉的眼睛中，老师也读出了不甘平庸的渴望，今天的平庸不代表以后一直平庸，努力会改变一切。希望你多与同学交流、探讨，在平实中追求新奇，在平凡中增长才干。（女，胆小怕事，老师说一句就会流泪，上课一发言就脸红，说话结结巴巴。平时做事情很认真，理解能力不是很强，反应不够灵敏，无特别的兴趣爱好，学习成绩中等。）

一般学生处于优等生和后进生之间，他们在学习上、品德上不冒尖、不落后，处于中等，表现平平，个性不突出，但大多有进步的要求和欲望。写这些学生的评语时要注意肯定他们的优点，增强他们的自信心，激起他们的上进心，通过叙述他们典型的日常细小事例来反映他们的优秀素养，勉励他们不要满足现状，言辞要满腔热情、富于鼓动性，激励他们树立进步的信心和决心。

3. 后进生评语

示例：聪明、机灵的你逗人喜爱，调皮淘气的你也常常令人生气，上课好动、思想不集中使你错过了许多发言的机会，行为习惯的放松使你常常失去老师和同学的表扬。但老师知道你有上进心，只是缺少一点毅力，老师愿意帮助你，只要再用功一些，再自觉一点，多一些勇气，多一点毅力，你就一定会进步。（男，贪玩，自控力欠缺，只对生物感兴趣，双休日很多时间都花在游戏上，对父母和老师的教育转头就忘，学习较之前有一点进步，但仍处于班级后列。）

后进生是指那些在学习和品德方面暂时落后的学生，他们在班上的人数不多，但有一定的破坏性。他们既自尊又自卑，总觉得低人一等，他们的心理特点复杂多变，有的对老师和集体抱有对抗的态度，但他们内心深处时常会闪出进步的火花。写后进生的评语，难度比较大，因此要特别细心地去找出他们身上的闪光点，加以充分肯定、赞扬，让他们感受到老师没有抛弃和放弃他们，打消他们自暴自弃的念头；从帮助他们的角度出发，指出他们的缺点，但要把握分寸，让他们感到老师的真诚和希望，为他们提出奋斗目标和改进的措施，要有热情的鼓励和殷切的希望。

4. 特殊学生评语

示例：你是个比同龄人更加懂事的女孩，老师特别佩服你的独立能力，也希望能和你成为忘年交，周末的时候一起去购物、旅行。面对生活、学习上的烦恼和困惑，老师愿与你一起承担，要知道，人生无坦途，重要的是拥有一颗坚强而永不放弃的心。（女，活泼可爱，成绩优良。可因母亲生病去世后，家庭负债累累，父亲忙于工作，无暇顾她，使她心灵蒙上了阴影，学习成绩下降。）

特殊学生指父母离异、单亲、寄居异乡，缺少应有的家庭温暖，不能正常与父母一起生活的学生，他们特别在乎老师对他们的评价。对这类学生的评语，字里行间要流露出如同父母般的长辈的关爱，语句要充满热情，充分肯定他们的优点和进步，避开他们的隐私，不谈他们的缺点，可用正面的榜样或名人名言去鼓励他们克服人生路上的障碍[①]。

① 月半弯．学生操行评语的撰写 [EB/OL].（2018-02-11）[2022-03-18]. https://www.oh100.com/a/201802/1130290.html.

第二节　班级工作总结

一、班级工作总结的含义、类型和意义

（一）含义

工作总结是国家机关、社会团体、企事业单位、个人等通过对过去一个阶段社会实践活动进行全面回顾、检查、分析、评判，从理性认识的高度总结经验教训，以明确努力方向、指导今后工作的一种常用文体。班级工作总结是班主任工作实践的反思、提炼和评价。

（二）类型

1. 按时间：周总结、月总结、学期总结和学年总结等。

2. 按范围：个人总结、小组总结和班级总结。

3. 按内容：全面总结、专题总结。

范例：11 月班主任工作小结

这个月，我班的主要工作如下：

（1）结合学校德育计划，开展了四德教育，让学生理解仁、爱、礼、德、孝，做一个孝顺、尊敬长辈的好学生。

（2）加强安全教育，在不同时间、不同季节、不同环境，结合政教处的部署，抓好交通、寝室、课间打闹、饮食、传染病等方面的安全知识教育，增强意识，做好防范。

（3）抓好班级文化建设，办了一期黑板报。

（4）经过一个月的努力，早操、升旗、开会的集队速度有了很大的提高，能在规定的时间到位，一改过去散漫拖拉的现象。

（5）卫生习惯基本养成，杜绝了乱扔垃圾的现象，做到了地板干净、桌椅整齐、扫把摆放不凌乱、天花板无蜘蛛网，创设了一个干净、卫生的学习环境。

（6）保持与家长联系，及时向家长汇报其子女在学校的表现。尤其对一些问题学生，发现问题及时取得家长的支持，共同做好学生的思想工作。

（7）注重学生学习习惯的培养。这个月月初，针对我班的早读声音小的问题，加大了这方面的培养，最近学生读书的声音有了很大提高。

不足之处：

这一个月，学生思想动态不稳定，个别学生常常出现不良行为。如卢某某三番两次欺凌同学，皮某某、黄某某几次因同学对其出言不逊而大打出手。作为班主任，我的工作没做到位，没有洞察同学的思想动态，没有制止事态的发展，实为惭愧。还有些学生的学习习惯没有养成。

整改措施：

（1）加速班干部的培养工作，发挥班干部作用，让班干部监督他们，指正他们的错误，发现苗头及时遏制，杜绝歪风邪气滋长。

（2）对班级中存在的问题，每天记录，每周总结，在班会中对这些问题作出处理，对问题比较严重的学生，将情况如实向家长汇报，和家长一起合作，对这些学生加强管理和教育。

12 月份工作设想：

（1）加强学生思想教育，与家长一道，共同做好学生的思想教育工作。

（2）加强班风班级的整顿，纪律最为关键。

（3）关注住宿生，尤其关注问题学生的一举一动，发挥学生监督作用，制止不良行为的发生。

（4）加强学生学习习惯的培养，作业布置少一点、次数多一点，让学生感觉有事要做，有事可做。

（三）意义

1. 改进工作

通过总结，可以把零散的、肤浅的感性认识上升为系统、深刻的理性认识，从而得出科学的结论，以便发扬成绩、克服缺点、吸取经验教训，使今后的工作少走弯路、多出成果。

2. 明确方向

通过总结，获得经验、发现不足，可以为下一步工作奠定基础，提供方向。

3. 提高效能

工作总结也可以为学校领导和上级管理部门提供基层工作的情况和经验，

以便加强科学管理和指导。

二、班级工作总结的结构

总结的内容结构或框架一般分为三个部分：标题、正文、结尾。

1. 标题

标题要写明单位名称、总结期限、总结的类别等。全面工作总结的标题通常分为单标题和双标题两种。单标题又可分为公文式标题和文章式标题。公文式标题格式为“单位名称 + 时间期限 + 总结内容 + 文种”，如《×× 班级 ×× 年工作总结》等。有的公文式标题中不出现单位名称，如《×× 年级 ×× 班工作总结》等。文章式标题一般是直接表明总结的基本观点，常用于专题总结，如《班级文化建设的探索与实践》等。双标题是同时使用上述两种标题，一般正题采用文章式标题，副题采用公文式标题，如《构建学雷锋 树新风的长效机制——×× 年级 ×× 班立德树人的实践与总结》等。

2. 正文

正文是总结的主体，一般应包括以下内容和要求。

（1）班级情况的概述和叙述。有的比较简单，有的比较详细。这部分内容主要是对工作的主客观条件、有利和不利条件以及工作的环境和基础等进行分析，为进入主题奠定基础。

（2）成绩和缺点。这是总结的中心。总结的目的就是要肯定成绩，找出缺点。成绩有哪些，有多大，表现在哪些方面，是怎样取得的；缺点有多少，表现在哪些方面，是什么性质的，怎样产生的，都应该讲清楚。

（3）经验和教训。做过一件事，总会有经验和教训，为便于今后的工作，需要对以往工作的经验和教训进行分析、研究、概括、集中，并上升到理论的高度来认识。

（4）今后的打算。根据今后的工作任务和要求，吸取前一时期工作的经验和教训，明确努力方向，提出改进措施等。

3. 结尾

结尾即总结的正文之后结束和落款部分。

结尾要富有张力。全面性总结一般都有结尾，或对经验加以提炼概括，或针对存在的问题提出改进的意见，或提出下一步工作打算，或表明态度。总之，要给人们留下想象空间，展望未来，满怀信心，表示决心，争取更大的成绩。

全面工作总结的落款方式有两种：一种在文末的右下方署上单位名称或个人的名字及写作时间。如果标题中已有单位名称的，只注明日期即可；另一种，在标题下署上总结单位的名称或个人的名字，完成总结的日期可以省略，公开发表的总结常用这种署名方式。

三、写好班级工作总结要注意的问题

（一）考虑周全

班主任除了平时注重积累外，还应该在总结之前，向班干部、学生、任课教师、教导处了解详细情况，全面收集班级工作情况的相关素材，使班级工作总结建立在对班级管理和教育实践分析研究的基础之上。

（二）客观真实

总结所列举的事例和数据都必须完全可靠，任何夸大、缩小、随意杜撰、歪曲事实的做法都会使其失去应有的价值。班主任应意识到工作总结是反思过去工作，谋求未来发展的重要环节和良机；反思、剖析工作中的问题，积极寻求解决问题的途径和方法，是班主任工作不断发展的内在动力。在总结成绩的同时，要客观地查找工作中存在的不足和问题，以警示今后的工作，少走弯路，切忌“一路颂歌，满地鲜花”。要正确地反映客观事物的本来面目，找出正反两方面的经验，得出规律性认识，这样才能达到总结的目的。

（三）条理清楚

总结是写给人看的，条理不清，人们就看不下去，即使看了也不知其所以然，这样就达不到总结的目的。因此，班主任应切实加强教育理论的学习，学会运用科学的思维方法，对材料进行去粗存精、去伪存真、由此及彼、由表及里的分析与综合，并注意结合自身实践，提高总结的含金量。

（四）详略得当

班主任对总结应写什么、怎样写要做到心中有数。材料有本质的、有现象的，有重要的、有次要的，写作时要围绕核心，去粗存精，抓住特色，突出重点。总结中的问题要有主次、详略之分，该详的要详，该略的要略。不能不分主次轻重、面面俱到、分散笔墨。

（五）突出特色

要抓住工作中的特色，一个重要的方法就是在掌握情况的基础上对工作进行对比分析。今年与去年的工作在侧重点、方法、措施、力度等方面有什么不同，所取得的效果又有什么不同，而这些“不同”就是工作特色。另外，任何班级在开展工作时都有自己一套不同于别人的方法，写总结时要认真分析、比较，写出自己的特色。有些班级的总结“几年一贯制”，内容差不多，只是换了某些数字，这样的总结就缺乏价值。

四、班级工作总结范文

初二 3 班班主任工作总结①

李冬梅

转眼之间，一年时间又过去了。回顾这一年的生活，我们 2017 级 3 班从幼稚到成熟，从单纯到务实，逐渐展示出优秀的一面。针对初二年级的特点，我主要从以下几方面做好班级管理工作。

（一）树立班级目标

毋庸置疑，树立目标对人有极大的推动作用。我们班级的目标是：事事有人做，人人有事做；先学做人后学做事。班级学风浓厚，纪律性强，成为一个团结、守纪、求实、进取的班集体。班务具体到人，人人负责一项具体工作。强化做人的原则和标准，以中学生行为规范严格要求自己。学生学会做人包括性格特点、心理素质的培养和良好习惯的形成。性格特点包括使学

① 李冬梅．初二 3 班主任工作总结 [EB/OL].（2019-01-16）[2022-07-12]. http：//blog.sina.com.cn/s/blog_70e698aa0102y77y.html.

生变得外向而敢于表现自己、大方而不扭扭捏捏、温和而不暴躁。心理素质包括遭受挫折时的心理承受能力、对待挫折的态度、对待别人的正确看法；消除忌妒、自卑、忧郁、焦躁以及懒惰等不良心理问题，成为一个积极向上、生活充实、心理健康的人。良好习惯包括良好的学习习惯，如认真听讲、按时完成作业、不迟到、不早退等；良好的卫生习惯；良好的生活习惯等。在这些方面我采用以下方法来积极争取良好的效果。

1. 树立团结、守纪、求实、进取的班级风气，以整体环境来影响每一个班级成员。

2. 对于一些心理不健康的个别同学，使用温和的态度个别处理。如通过诚恳的谈话、周记等形式交流。

3. 对于班级成员的共同毛病作统一的强行要求。强迫更改不良习惯，甚至采取必要惩罚措施。如吃零食、不交作业等不良习惯即采用这种方法。

4. 班主任本人以身作则，带头遵守班级纪律，并以积极饱满的热情来感化每一个同学，用鼓励和微笑来使同学自信、热爱生活、热爱班级，拉近心理距离，和学生成为交心的朋友。

（二）完善班级管理，强化班级纪律

科学严格的班级纪律是督促学生学习和形成良好班风的基础。我们在原有班级考勤与考评的基础上进一步完善，加强了执行力度。我们都知道，班级管理不是缺少管理办法，而是缺乏对制度的执行力度和认识程度。只有让同学们在制度的执行过程中体会到其带来的好处和所受到的惩罚，才会发自内心地去执行拥护。所以，我们每天一小结，再一周一总结，之后是一月一表彰，做到了及时反馈、及时表彰，树立了班级考勤制度的权威性。另外，在每学期末的评优选模时，主要以在月考评中评出的“德育标兵”和“德育明星”的次数来决定，这样同样强化了班级管理的严肃性和执行力度，在学生学习氛围、班级考评、自习纪律等方面效果非常明显。并且在每月的学校的班级考评中我们班总是名列前茅。

（三）充分发挥主题班会的正面激励作用

一节主题班会，从设计到实施都发动学生参与，让学生在主题班会中“唱主角”，这使学生的创造能力、组织能力、活动能力都得到了极大的发挥，学生的自我要求、自我完善、自我进取的精神也会不断增强。主题班会有利于加强班集体建设。一个良好的班集体要通过多种活动来构建，而主题班会就是一项重要的活动，组织得当的主题班会，能产生凝聚力、向心力，起到促进班级学生团结的作用。同时，主题班会也是师生共同活动的过程，它能加深师生的彼此了解，成为密切师生关系的一条纽带。

在这个学期，我们班主要组织了以下主题班会："谢谢你老师""向第一名学习经验交流会""团结就是力量主题班会""感恩父母""好习惯成就美好未来""我们读书的目的主题班会"等。针对有些班级中部分同学辍学的现象，我及时教育引导，强化理想教育和信心教育，树立健康向上的人生目标。另外针对学生住校没机会过生日的遗憾，以及个别庆生铺张浪费的现象，我们通过家长委员会协助，组织了主题为"走进 2019，不负青春时光"的集体生日班会，受到了家长、领导及社会各界的赞誉，也为同学们留下了美好的青春回忆。

（四）积极营造温馨和谐的班级学习氛围

学校学生处在这个学期有班容班貌和墙报的评比，为了配合学校的检查，也为了借此更好地建设班级文化，每次我都设计好班容布置，并且一定是自己动手去做，让学生感受到我对班级文化建设的重视，也让学生从中受到感染，在这样的文化氛围中是必须要好好学习的。而且我充分利用我的班容班貌，将同学们的学习进行小组评比，并且每个月都有新内容。同时，充分利用好班级图书角，在其他班书橱全无的情况下，我们班图书角的图书琳琅满目，同学们捐书的热情高涨，每到周末，图书角向大家开放，同学们读书的热情一直不减，成为全年级学习的楷模。

（五）加强与家长的联系

记得苏霍姆林斯基曾说过："我们和家庭作为并肩工作的两个雕塑家，有着相同的理想信念，并朝着一个方向行动。"只有与家长建立共同的教育目标，取得家长的支持，才能将学生教育好。同时，与家长联系，才能更好地教育学生。因为老师和家长对孩子的期待是一样的，都希望我们的学生能够健康成长。所以这个学期我充分利用微信家长群的功能，多与家长联系和沟通。当学生有好的表现时，我会发校讯通予以表扬；当学生有不好的表现时，我也会发信息通告家长，当然我不是告状，而是让家长也注意观察、与孩子多沟通。当我觉得微信交流不方便时，我会电话与家长联系，以求更好地教育学生。另外，在本学期的家长会上，家长对我们班的管理方法和管理理念予以了肯定和赞扬，对班级管理方法中的不足之处提出了建议。可以说本学期的家长会是有史以来最成功的一次家长会，与会学校领导给予了高度的评价。

班主任工作是很有挑战性的工作，每一个学生都是一个世界，要想成为每一个学生的朋友，要想得到每一个学生的信任，需要付出很多的心血。但是，这一切都很值得，因为，你得到的将是一个美丽的世界！

所以我说工作着是美丽的！

2019 年 1 月 15 日

思考与行动：

1. 学生操行评定的意义是什么？
2. 给你的同学或学生写一份操行评语。
3. 班级工作总结的内容要求有哪些？
4. 结合本讲内容，尝试撰写一份你现在班级的学期工作总结。